영혼이 물질을
만났을때

When the soul meets matter

Original Title: Where Soul Meets Matter: Clinical and Social Applications of Jungian Sandplay Therapy
Copyright ⓒ Chiron Publications 2018
Korean translation copyright ⓒ Healingwings 2024
Korean translation rights arranged with Chiron Publications LLC Asheville, NC., through Orange Agency
All rights reserved

이 책의 한국어판 저작권은 오렌지 에이전시를 통해
저작권자와 독점 계약한 힐링윙즈에 있습니다.
저작권법에 의하여 한국 내에서 보호를 받는 저작물이므로
무단전재와 무단복제를 금합니다.

영혼이 물질을 만났을때
When the soul meets matter

융 분석심리학적 모래놀이치료의 두 가지 적용
: 개인과 사회

발행일	2024년 8월 30일
지은이	에바 패티스 조자(Eva Pattis Zoja)
옮긴이	김재희
펴낸이	김재희
펴낸곳	힐링윙즈
주소	세종특별자치시 시청대로 213
전화	0507-1336-3926
등록번호	제2022-000022호

ISBN   979-11-987207-2-6 (93180)
정가   18,500원

영혼이 물질을 만났을때

When the soul meets matter

글쓴이 에바 패티스 조자
옮긴이 김재희

융 분석심리학적 모래놀이치료의 두 가지 적용

: 개인과 사회

힐링윙즈

차 례

역자/발행인서문 고통과 긴장이 회복과 애정으로 바뀌는 드라마   06
감사의 말 동료들과 조력자들, 모든 이들에게   10
들어가며 찰스 시몬즈의 "작은 사람들을 위한 집들"   12
머리말 정신의 자기조절 능력   21

제1장   자기에 대한 놀라움과 경이로움
Surprise and Wonder at Oneself

도라 칼프의 치료적 태도	32
치료실에서 제삼자	35
도구로서의 한계	39
언어적 의사소통을 위한 절호의 순간	42
운동감각적 상상	45
신체로 구현되는 상징	46
안내하는 방법	49
사진 촬영에 대해서	52

제2장   안에서와 같이 밖에서도, 위에서와 같이 아래에서도.
As Within, So Without, As Above, So Below

멈춤, 쉼 그리고 공간 만들기	62
하늘과 땅 사이	67
양손 사이의 모순	69
모래의 소리	70
깊이의 부족 I	72

깊이의 부족 II	72
"하지만 나는 거기에 있었어요"	73
악마의 존재	75
너무 부드러워요	77
외로움으로부터 보호해 주는 백일몽	80
제한을 넘어서	85
에로스	88
변수가 무엇이었을까?	89
친밀함과 거리	90
변형	94
치료적 동작	98
차가움	99
단단하게 붙잡기와 안기기	102
부엉이의 시선	107

제3장 모래놀이 개인 세션과 정신의 자기 조절 능력

Self-regulation of the Psyche in Individual Sandplay Therapy

도라 칼프의 기본 원칙	120
10세 남자 입양아 에디의 사례 소개	123
첫 번째 세션	126
두 번째 세션	132
양어머니와의 대화	136
세 번째-다섯 번째 세션	138

제4장 표현 모래작업 프로젝트

Expressive Sandwork

이론적 배경	147
참여 아동	159
놀이재료	160
자원봉사자: 조력자	161
부모	163

제5장 콜롬비아 이주 아동을 위한 표현 모래작업 프로젝트

Processing Trauma after Displacement in Colombia

사례 1: 무장 공격 생존자 9세 소녀 도로시 　　　　167
사례 2: 성 학대 피해를 입은 6세 소녀와 공동체의 대처 169
사례 3: 범죄 갱단의 마스코트 나탈리 　　　　　　174
콜롬비아 메데인에서의 프로젝트 　　　　　　　　177
첫 번째 세션: 아동들의 다양한 모습 　　　　　　　179

제6장 독일 난민 아동을 위한 표현 모래작업 프로젝트 : '그룹은 변형이 일어나는 연금술 용기이다'

Expressive Sandwork with Refugee Children in Germany :
'The group as an alchemical container of transformation'

연금술 용기로서의 그룹과 외부인 통제 　　　　　189
독일 난민 아동들의 심리적 상황 　　　　　　　　191
이질성이 강한 집단 　　　　　　　　　　　　　　192
 그룹 리더의 담아주기 　　　　　　　　　　　　197
그룹 리더의 관찰과 연상에 대한 기록 　　　　　　200
집단 지향적인 야지디족 　　　　　　　　　　　　209
IS피해자 9세 소년의 모래놀이 과정 　　　　　　　211

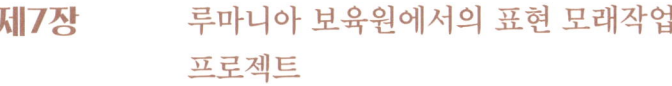

제7장 루마니아 보육원에서의 표현 모래작업 프로젝트

Expressive Sandwork in Children Homes in Romania

보육원 생활 아동의 상황	219
극단적인 환경에 처해 있는 12세 소년 미하이	221
공격적인 13세 소년 루카	226
보스 역할의 12세 소년 다리우스	228
섭식장애 10세 소녀 엘레나	230
출생증명이 없는 로넛: 나는 누구예요?	232
조력자와 아동 사이의 동시성: 누가 누구를 돕고 있는가?	234
아동들의 프로젝트 참가 경험 소감	237

제8장 우크라이나 전쟁 지역의 표현 모래작업 프로젝트

Expressive Sandwork in the War Zone in Ukraine

2018년 4월 키예프	243
'태어날 때부터 벙어리?' 방어기제	246
사례 1: 박격포를 맞은 이후 머리카락을 잃은 5세 소녀 티나의 회복	247
사례 2: 방해꾼 8세 소년 일랴	248

참고문헌   251

역자/발행인 서문　　　Translator/publisher's Messages

고통과 긴장이
회복과 애정으로 바뀌는 드라마

　나는 모래놀이세션을 제공할 때 피규어를 제공하지만, 간혹 모래에 매료되어 오랫동안 모래만 활용하는 내담자들이 있다. 그래서 이 모래만을 활용한 사례들에 대한 자료를 찾다가 이 책을 알게 되었다. 저자는 모래만을 먼저 활용해 볼 것을 내담자에게 직접 권하며 이에 대한 효과를 상세하게 설명해 주기에 나의 궁금증을 해갈하기에 충분했다. 또한 도라칼프에게 직접 모래놀이를 받았던 경험, 전 세계 위기에 처한 아동들에게 제공되었던 모래놀이 프로젝트를 통한 상세한 사례들이 포함되어 있어, 동료 모래놀이치료사들에게 영감과 전문지식을 더해 줄 것이라는 생각에 책을 출간하기로 결정했다.
　"영혼이 물질을 만났을 때", 이처럼 모래놀이의 본질을 표현한 문구가 있을까? 이 제목을 지으며(원제는 Where Soul

Meets Matter이지만 장소적 의미 'where' 대신 국문으로 좀 더 친숙하면서도 포괄적인 느낌을 주고자, 시간적 의미 '때'로 변경했음), 내 내담자들이 만들었던 모래 이미지들이 머리에서 스쳐 지나갔다. 그들이 모래 속에서 표현한 모든 것들은 그들의 영혼의 모습임을 다시 생각했다. 이를 가능하게 한 모래의 부드러운 힘은 때로 상상하기가 힘들 정도이다. 우리는 모래에 우리가 생애 동안 경험한 것 중에 가장 부드러운 대상, 모성을 투사한다. 동시에 이 모성은 우리 정신의 한 측면이요, 우리 내면에 이미 본질로 존재하는 자원이다.

모래놀이는 참으로 부드러운 모델이다. 모래의 촉감도 부드럽고, 치료사의 태도도 부드럽다. 내담자가 표현하는 모든 것을 있는 그대로 수용하며 조용히 교감한다. 그러면 우리 앞의 창조자는 유니콘과 페가수스가 하늘을 나는 환타지에서부터, 지옥과 괴물의 테마까지 무한하게 다양한 스펙트럼의 이야기들을 펼친다. 자원은 활성화되고 트라우마는 이 부드러움 속에서 어루만져지며 성격의 통합과 자아의 적절한 강도를 획득해 나간다.

모래놀이치료사들은 이 과정 동안 촉진과 침묵의 균형을 지키면서 내담자의 무의식 여행에 온 마음으로 동행한다. 그리고 이 여행 동안 내담자에게 영향을 끼쳐온 개인의 역사와 사회적 맥락을 깊숙하게 경험한다.

이 책은 상담사가 이러한 개인적 맥락과 사회적 맥락을 이해하고 모래놀이를 통해 치유하는 혁신적인 방법 두 가지를 소개한다. 이는 시각적 상상이 아닌, 손의 운동감각에 초점을 두며 손상된 애착 모델의 변형을 일으키도록 하는 접근법과 심리서비스 자원이 부족한 나라에 있는 위기를 경험한 아동들을 위해 고안된 '표현 모래작업'이라는 프로젝트이다.

  저자는 피규어 사용을 제한하고, 순전히 모래만 만지며 일어나는 운동감각과 손의 욕구에 초점을 맞출 것을 강조하는데, 나도 이 저자의 말에 설득되어 치료실에 있는 모래를 만지며 손의 욕구에 귀를 기울여 보았다. 어떤 날에 내 손은 깊이 파묻히며 '보호받고 싶어'라고 말하고 있었고, 다른 날에는 모래를 강하게 비비며 억압을 해소하거나 모래비를 뿌리면서 그 부드러움을 만끽하고 있었다. 이는 내 내면의 희미하지만 존재했던 퍼즐 조각을 강렬하게 체험하는 것이었다. 당연히 나는 이 접근법을 나의 내담자들에게도 격려해보았다. 한 여성은 신나게 모래 앞에 앉았지만, 곧 자기는 이 모래의 완벽함을 망칠 것이라면서 하지 못하겠다고 말하면서 갑자기 눈물을 터뜨렸다. 자신은 주변 사람들을 힘들게만 하는 존재라는 부정적인 자아상과 죄책감이 드러났다. 그녀는 결국 이날 모래를 만지지 못했지만, 이 극적인 발견은 이후 상담 방향 설정에 큰 도움이 되었다.

  '표현 모래작업 프로젝트'는 전쟁이나 내전, 난민, 기타 재해적 상황을 겪은 아동들이 이 프로젝트를 통해 극심한 심리적 외상을 극복하고 정신의 자기조절능력이 강화되는 과정을 묘사한다. 루마니아, 콜롬비아 등을 비롯한 여러 나라에서 개최된 프로젝트에 참여하는 아동과 자원봉사 조력자 간의 만남, 아동들의 모래놀이 이야기, 상담사와 아동의 내적 흐름이 주를 이룬다. 여기서 여러분은 고통과 긴장이 희망, 회복, 애정으로 이어지는 드라마를 여러 편 보게 될 것이다. 그리고 그 모든 회복에 감동과 감사를 느끼며 책장을 넘겨나갈 것이다. 그리고 이 책의 마지막 장을 덮을 때는 이 책에서 만났던 상담사들과 내담자들과 연대하며 세계를 따스하게 품고 있을 것이다.

감사의 말 Acknowledgments

 이 책의 집필을 제안하고 수년 동안 우리 커뮤니티의 활동을 응원해 준 Murray Stein에게 감사드린다.
 나의 융 학파 동료인 Monica Piñilla, Maria Claudia Munevar, Maria Camila Mora, Ana Deligiannis, John Gosling, Philippa Colonese, Christiane Lutz, Gabriele Mendetzki Mack, Lia Feraren, Cristi Constantinescu, Julia Feordeanu, Delia Descalu, Ema Diaconu, Lavinia Tancusescu와 8개국에서 함께 활동한 자원봉사 조력자들이 없었다면, 표현 모래작업 프로젝트를 통해 취약한 상황에 처한 어린이들의 삶을 변화시키지 못했을 것이다.
 개별 세션에서 경험한 것을 공유할 수 있도록 아낌없이 허락해 주신 모든 분들께 특별히 감사드린다. 그리고 수년 동안 내게 상담사가 되는 법을 가르쳐주신 모든 분들께 감사드린다.

Stefano, Sara, Elisabeth
그리고 그들의 놀이스러움에 이 책을 바칩니다.

"...나는 떠돌이 음유시인이나 주술사의 역할을
하고 있다는 느낌이 자주 든다."
- Charles Simonds

"무의식은 무한히 작은 세계라고 믿게 만드는
모티프가 자주 발견된다."
- 1Carl Gustav Jung

---

1 C.G.Jung,C.W.9/1,&408

들어가며

찰스 시몬즈의
"작은 사람들을 위한 집들"

Charles Simonds and His
"Dwellings for Little People"

내가 이 책을 막 완성했을 때, 사회적으로 어려운 상황에 처해 있는 아동들을 위해 내가 하고 있는 일을 익히 알고 있는 한 미국 미술 평론가 친구가 "Dwelling München"라는 제목의 기사를 보내왔다. 어빙 샌들러가 뉴욕 조각가 찰스 시몬즈를 인터뷰한 내용에는 뮌헨에서 진행 중인 그의 사회적 프로젝트에 대한 소개와 작품 사진이 몇 장 실려 있었다. 처음으로 그의 1969년도 작품인 "작은 사람들을 위한 집들"에 대한 사진 하나를 보았는데, 창문 틈새에 옹기종기 모여 소박하지만 명백하게 삶을 영위하고 있는 사람들의 작은 집들이 찍혀 있었다. 작은 벽돌로 만든 창문, 출입구, 계단이 있는 이 건물들은 콘크리트 난간을 거대하고 투박하게 보이게 했다. 문득 "작은 세계가 진짜 세계다!"라는 말이 떠올랐고, C.G. 융의 다음 설명이 생각났다.

> …내가 보기에 매우 작은 것이나 매우 거대한 것에 대한 선호는 무의식의 묘한 공간적, 시간적 관계의 불확실성과 관련되어 있다. (융은 각주에서 시베리아 설화를 언급하고 있다). 인간의 비례감각, 즉 크고 작음에 대한 합리적 개념은 신인동형론적anthropomorphic이며, 물리적 현상의 영역과 특정 인간의 범위를 넘어서는 집단 무의식의 영역에서 타당성을 잃는다. 영혼atman은 '작은 것보다 작고, 큰 것보다 크다.'(C. G. Jung, C.W, 9/1, & 408).

오랫동안 내 시선은 그 작은 집들에 머물렀고 그 집들에 관한 글을 탐독했다. 세계적으로 유명한 예술가 찰스 시몬즈Charles Simonds가 1970년대부터 '우리'와 비슷한 것을 추구해 왔음을 발견했다. '우리'는 지난 15년 동안 취약한 환경에 처한 아동을 위한 표현적 모래놀이 방법을 구축한 8개국 출신의 융 정신분석가 그룹이다. 우리는 신뢰할 수 있는 환경에서 미니어처 세계를 만들 수 있는 기회를 제공하면, 아이들의 창의성이 얼마나 큰 치료 효과를 발휘할 수 있는지 경험해 왔다. 시몬즈와 마찬가지로 우리도 2017년에 뮌헨의 난민 가족을 위한 프로젝트를 조직했다. 그의 프로젝트에 대한 설명인 "Dwelling München"은 우리의 모래표현 프로젝트와 흡사하다. 특히 과잉행동적이고 공격적이며 사회적으로 무능하다는 딱지가 붙었지만, 첫 번째 모래놀이

부터 집중력과 헌신으로 그들의 작은 세계를 만들기 시작하여, 프로젝트가 끝날 무렵에는 침착함, 자기 확신, 적절한 사회적 기술을 갖고 상호작용을 하게 된 아이들에게 정확히 적용된다.

> …일종의 환상적인 동화의 나라에 몰입해 완전히 솔직하게 표현하고 있는 아이들의 표정은 너무 아름답다. 그들의 얼굴은 마치 완전히 편안해진 듯 부드러워지며, 보는 이를 뭉클하게 할 만큼 자신을 드러낸다. 그들 자신이 되어가는 아이들과 당신은 사랑에 빠진다.
> (http://dwellingmunich.de/ausstellung/dwelling-munich/)

작은 세계를 만들어 가는 동안 아이들은 내면의 무의식적 에너지와 본능적으로 접촉하고, 그 과정을 통해 더욱 강해지는 것 같다.

무의식적이고 자원 지향적인 에너지는 모든 국가의 신화와 동화에서 작고, 능숙하고, 도움이 되는 작은 사람들로 나타나는데, 이는 자신의 창조력, 환상, 상상의 상징이다. 그 예로 유럽의 독일어권 지역에는 그림 형제가 전하는 동화 속 '하인젤만헨', 조난에 빠진 광부들에게 나타난 광석 산맥의 '에르츠만헨', 돌로미테 지역의 산속에 살면서 무기를 만드는 난쟁이들이 있다. 초기 신화적 조상 중에는 카비리(Cabiri, 괴테가 파우스트2에서 언급함)와 고대의 숙련된 닥틸족이 있다. 이 작은 사람들을 만나는 것은 큰 행운으로 여겨진다. 그들은 관대하고 도움을 주지만, 인정받지 못하거나, 기분이 상하거나, 착취당한다고 느끼면, 철회와 복수의 반응을 보이기도 한다.

> 지혜로운 노인의 원형은 아주 작아서 거의 눈에 띄지 않는다…(C.G. Jung, C.W, 9/1, & 408).

이날 밤 나는 시몬즈의 작은 집에 대한 꿈을 꾸었다. 다음 날 그에 대해 조사하고, 저녁에 이 방식이 표현 모래작업에 적합한지 알아보기 위해 점토로 작은 벽돌 몇 개를 직접 만들어 보았다. 그리고 곧 찰스 시몬즈와 연락이 닿았다.

찰스 시몬즈는 누구인가?

1945년 뉴욕에서 태어난 "찰스 시몬즈는 작은 사람들이 전 세계 도시의 거리를 이주하며 사는 상상 속 문명의 주거지를 만들어 온 예술가이다. 각 집은 이 사람들의 삶에 대한 이야기, 즉 어디에서 왔고, 무엇을 하고, 어떻게 살고 있는지, 무엇을 믿는지를 보여준다. 보통 지나가는 사람들, 종종 어린이들이 시몬즈의 작업에 참여한다. 그는 아이들에게 점토 벽돌을 제공하여 그들만의 환상 속 집을 만들어 그가 만든 집에 추가하도록 한다."

(https://brooklynrail.org/2018/07/art/CHARLES-SIMONDS-with-Irving-Sandler)

시몬즈는 작품을 시작하게 된 계기에 대해 다음과 같이 설명한다.

> 어느 순간 제 존재에 대해 깨달았어요. 문득 저는 어떤 장소를 상상했어요. 흙으로 빚어낸 상상의 장소였어요. 상상의 사람들이라는 아이디어가 빠르게 떠올랐고요. 1969년, 봄이었어요. 집안에서 일하는 건 바보 같은 일이잖아요! 밖에 나가서 나의 작은 사람들을 위한 집을 만들기로 결심했어요."(https://brooklynrail.org/2018/07/art/CHARLES-SIMONDS- with-Irving-Sandler).

언론 논평이 그의 작은 집은 항상 내부가 비어있다는 지적을 했을 때 그는 이렇게 대답했다.

> ...저는 집을 짓는 동안 각 집의 '내부'에 있으며, 이 집들은 이야기라고 상상합니다. 각 집은 장대한 이야기의 아주 작은 부분이지만, 실제로 작다고 느껴지지 않습니다. (https://bombmagazne.org/articles/charles-simonds/)

모든 예술 작품이 그러하듯, 이 집들에 대한 연상은 무궁무진하며, 특정한 역사적 순간에 제한되지 않는 보편성이 있다. 누군가는 뉴욕의 우뚝 솟은 고층 건물과 이 독립된 원형 및 나선형 소형 구조물 사이에 만연한 불일치를 떠올릴 수도 있겠다. 인내심과 기술력은 모든 예술의 전제 조건이지만, 이 작품에서는 특히 핀셋을 사용하여 작은 벽돌들을 하나씩 붙여 벽을 만드는 예술가의 끈기와 열정이 감동적이다. 시몬즈가 이렇게 공들이며 노력할 수 있는 이유는 이 독특한 창작 과정 동안 자신과 재료 외에도 그가 인내심을 갖고 끈질기게 불러일으키려는 비가시적인 제3의 요소가 존재하기 때문이다. 그리고 이 작은 사람들이 실제로 이 집에 살게 될지 확신할 수 없기 때문이기도 하다. 시몬즈의 작은 사람들은 개인이 아니라 나름의 역사와 시련의 흔적을 지닌, 성장과 쇠퇴의 시대를 겪은 사회적 연합체이다. 그들은 발명하고 축하하는 사람들이다.

어떤 이는 아무리 좋은 의도와 목적이 있어도 미치지 않고서야 성인이 어떻게 상상의 사람들을 위한 집을 짓기 위해 벽에 난 구멍 앞에서 며칠 동안 서 있을 수 있는지 의아할 것이다. 그러나 그 주위에 모인 행인들은 그의 일을 이해하는 것 같다. 그들의 얼굴은 내면에 이런 인상을 짓는 듯하다. "우리는 이것이 뭔지 알고 있고, 익숙해요. 다만 오랫동안 보지 못했을 뿐이지요." 그리고 그들은 돌아와서 다시 보고 인지하고 싶어 하며, 심지어 결국 망가질 텐데도 집에 가져가려고 한다. 이것이 우리가 "원형"이라고 부르는 것의 힘인가? 시몬즈의 작은 사람들은 인간들 사이에서 좋은 생각, 좋은 대화, 활발한 생각의 교환이 이루어지는 장소라면 어디든 모이지만, 마찰, 갈등, 불안이 시작되면 도망치는, 불교의 비가시적 존재인 "2드랄라"와 밀접한 관련이 있을 수 있다.

시몬즈의 작업에서 가장 주목할 만한 점은 그가 작은 사람들을 존중하기에, 눈에 띄지 않는 상태 그대로 둔다는 것이다. 그림 형제의 동화에 나오는 호기심 많은 구두장이의 아내가 밤에 완두콩을 바닥에 몰래 뿌려 엘프들이 눈에 보이도록 한 것처럼, 밝은 곳으로 데려가거나 박물관으로 끌고 가지 않는다. 무의식의 창조적 에너지는 직접 관찰하거나 통제할 수 없으며, 단지 이를 위한 틀을 만들어 줄 수 있는 것과 같다. 이것이 그가 수십 년 동안 해왔던 일이다.

> 그 집들은 작은 사람들이 살도록 둥지를 짓고 초대하는 주술과 같은 것입니다. 집과 관련된 이야기의 구성이 그들이 머물고 싶어 할 만큼 충분히 구체화되면, 작은 사람들이 도착합니다. 또한 그 집들은 그들과 저에게 보금자리를 마련해 주려는 절박한 몸짓과도 같습니다. (https://bombmagazine.org/articles/charles-simonds/).

무의식과 밀접하게 연결되어 있는 미니어처 세계는 어른들에게도 거부할 수 없는 매력을 발산한다. 그러나 창조자가 자신의 창조적 에너지와 접촉하지 않으면 그 작은 세계는

---

2   Drala(Wyl. "dgra bla" 또는 "sgra bla") 또는 dralha(Wyl. "dgra lha"). 공기 원소에 깃들어 역동적으로 활동하는 비인간적 존재로, 인간의 지각에는 보이지 않는다. Orgyen Tobgyal Rinpoche가 말하길, 드랄라의 내면은 신체의 미묘한 에너지 체계에, 그 '비밀스러운' 측면은 마음의 본성에 연결되어 있다.

강한 퇴행적 갈망을 일깨워 악성 '졸작'에 빠지게 한다. 나는 '졸작'을 맥락에서 벗어난 것, 즉 양가적이거나 위협적인 측면을 상실한 문화유산으로 생각한다. 반면에 아이들이 자유롭고 보호된 창작 공간에서 묘사하는 것은 대개 불쾌한 진실, 갈등, 이별, 죽음을 어느 정도 담고 있어 압도적이다.

시몬즈는 자신의 예술적 활동과 사회 교육적 프로젝트를 매우 뚜렷하게 구분한다. 아이들이 만드는 것은 그들의 예술이라고 강조한다. 마찬가지로 그도 자신만의 예술을 갖고 있으며 그 예술로 어느 정도 명성을 얻었으며 지금도 '현장'에서 일하는 것을 선호한다.

> 저는, 예술에는 관심이 없지만 역사적으로 예술의 뿌리였던 신념, 종교, 샤머니즘적 힘을 지닌 물건, 상호 작용하는 대상, 원형적인 내러티브 등을 잘 알고 있는 사람들을 찾아가는 데 관심이 있습니다. 저의 예술은 신념에 기초를 두고 있습니다. 예술은 제가 발명한 종교의 표현과도 같습니다. (Charles Simonds: https://brooklynrail.org/2018/07/art/CHARLES- SIMONDS-with-Irving-Sandler).

나는 시몬즈가 의식ritual의 언어를 창안했지만, (다행히) 종교를 창안할 수는 없었다고 주장하고 싶다.

찰스 시몬즈는 조각가, 치료사, 교육자, 이야기꾼, 그리고 현대 예술가 중 극히 소수인 현대 무당이라는 다양한 정체성을 구현했다.

어린 시절 휴가지에서 우연히 접한 아나사지Anasazi 문화가 그의 예술에 얼마나 결정적인 영향을 미쳤을까? 그리고 그의 사회적 비전과 아이들의 창의적 욕구에 대한 끝없는 관심이 어디서 유래했는지 궁금하다. 그의 성장 과정에서 판타지는 어떤 역할을 했을까? 찰스 시몬즈의 어머니이자 아동 정신 분석가인[3] 아니타 벨Anita I. Bell은 정신분석학에 상당한 공헌을 한 학자이다. 예리하고 세심한 관심으로 아들들의 남성적, 여성적 욕구를 충족시켜 주었기에, 어린 찰스가 보이지 않는 세계와 자연스럽게 꾸준히 대화해 올 수 있었던 것일 것이다. 그래서 이제 작은 사람들을 우리 시대의 집단의식 속으로 안전하게 내보낼 수 있었을 것이다.

---

3   1930년대에 아니타 I. 벨은 프로이트의 거세 이론에 도전하는 동시에 심층심리학의 관점에서 남성 정체성의 발달에 대한 통찰력을 담은 개념을 과감히 제시했다. 그녀는 왜, 정신분석 문헌이 항상 남성 성기의 한 부분, 즉 음경에만 초점을 맞추는 반면, 물리적, 상징적으로 아동의 감수성, 창의성, 취약성을 상징하고 불안과 연관되어 있는 음낭과 고환은 거의 주목받지 못하고 문화적으로 부정되는지 자문하면서, 다른 과학자들과 함께 이 주제를 연구했다. 그녀는 개인적으로는 구별하기 어려운 음낭의 움직임을 통해 무의식적 불안이 드러난다는 것을 실험적으로 입증할 수 있었다. 그녀의 혁신적인 아이디어는 시대보다 수십 년 앞서 있었지만, 개인과 사회의 가부장적 구조 전체에 상징적 수준에 영향을 미쳤다. 그녀는 뉴욕의 프로이트 학회를 탈퇴할 정도로 큰 호응을 얻지 못했다.

머리말   Foreword

이 책의 주제는 표현을 위한 자유롭고 보호된 공간이 제공되자마자 이미지와 내러티브를 만들며, 자기를 조절하는 힘을 발휘하는 정신의 놀라운 능력과 결단력이다. 이는 불리한 경험으로 어려움을 겪는 개인(어린이와 성인)뿐만 아니라 삶에서 더 깊은 의미를 찾는 사람들에게도 해당된다. 정신의 자기 조절 능력은 모래놀이치료에서 분명하게 드러나고 체험된다.

나는 이 책에서 20년에 걸쳐 개발한 두 가지 모래놀이 적용 방식을 소개할 것이다. 이 두 가지 방식은 각기 다른 대상 집단을 위한 것이며, 동일한 기본 원리를 두 가지 다른 방향으로 확장한 것이다.

첫 번째 적용 방식은 운동감각적 상상력을 기반으로 한 개별 치료 과정이다. 이 접근 방식에서 내담자는 모래와 물만 사용하도록 권장되며, 처음에는 언어적 설명과 시각적 상상을 배제하고, 모래를 만지는 손의 촉각적 인식에 집중하도록 안내받는다. 이 인식은 감각적 기억을 자연스럽게 불러일으킨다. 자신이 아동기에 획득한 애착 모델J. Bowlby을 직접 인식하게 될 정도로 이를 명확하고 구체적으로 상징하는 신체 경험을 빠르게 하게 된다. 운동감각적 상상력이 일어나는 과정은 또한 내면의 새로운 감정 상태가 창조되는 순간이기도 하다. 나는 내담자가 촉각적 인식과 상징전pre-symbolic 및 상징적 표현에 참여하는 과정을 사례들과 함께 설명할 것이다.

  두 번째 적용은 표현 모래작업이라고 부르는 것으로, 사회적 위기 상황에 처한 아동을 위해 특별히 개발된 프로그램이다. 이 응용 프로그램은 현재 8개국의 국제 융 분석가 팀에 의해 수행되고 있다. 표현 모래작업은 그룹으로 이루어진다. 다시 말하지만, 모래놀이의 핵심은 정신의 자기조절 경향의 활성화이다. 성인 조력자와 아동 사이의 상호작용이 언어 전, 심지어 상징 전 수준에서 일어나는 경우, 치료적 개입이 얼마나 적게 필요한지와 정신신체 시스템의 자기조절이 구체적으로 어떤 역할을 하는지를 여러 사례들을 통해 보여줄 것이다.

  나는 또한 책의 후반부에서 실제로 진행된 표현 모래작업 프로젝트들을 소개할 것이다. 한 프로젝트는 슈투트가르트의 융 연구소와 협력하여 독일에서 진행되었는데, 여기에는 IS의 극심한 잔학 행위의 피해자가 되어 독일로 피난 온 이라크의 야지디족 아동들과의 모래놀이가 포함된다. 각 과정은 극심한 트라우마에 시달리더라도 아동의 정신이 무엇을 성취할 수 있는지를 감동적이고 설득력 있는 방식으로 보여줄 것이다. 국제분석심리학회가 5개 도시에서 표현 모래 작업 프로젝트를 진행한 우크라이나의 아동들도 마찬가지였고, 심지어 전쟁 지역에 직접 위치한 도시들도 있었다. 루마니아와 콜롬비아의 프로젝트 사례들도 소개할 것이다.

위에서 언급했듯이, 이 두 가지 접근 방식은 대상 그룹에 있어 명백한 차이가 있지만, 정신 현상에 대해서 목적론적 관점을 공유한다. 목적론적 관점이란 정신 에너지가 막혀서 어쩔 수 없이 증상을 일으킬 수밖에 없을 때, 정신 에너지가 본질적으로 지향하는 방향(발달 또는 관계 측면에서)을 고려하는 것을 의미한다. 증상은 이와 정반대로 원래 목적을 달성하는 데 도움이 되지 않는다. 예를 들어 어린이가 손톱을 물어뜯는 습관이 생겼거나, 사춘기 소녀가 자신의 피부에 상처를 내는 경우, 목적론적 관점은 이를 주어진 환경에서 최소한의 자기효능감, 자율성, 순간적 긴장 해소를 달성할 수 있는 최선의 수단이라고 볼 것이다. 손톱을 물어뜯는 것과 피를 흘리며 해방감을 느끼는 자해 증상은 무의식이 추구하는 목표(자율적으로 영향을 끼치려는)에 비추어 볼 때 완전히 비효율적이다. 그러나 아동 청소년의 내면에 생물학적 시계처럼 발달을 촉진하고 있는 정신 에너지와 이러한 진보를 방해하는 환경적 장애물 사이에서 '아무것도 하지 않는 것보다 나은' 타협안이다. 증상은 단순한 시각적 표현 이상의 파장이 있다. 뜯긴 손톱이나 피부의 상처는 보는 사람에게 신체적, 정서적 반응을 유발한다. 아이와 사춘기 소녀의 일상에 성장을 억제하는 자기 파괴적인 일이 일어나고 있음을, 일정 수준의 지각력이 있는 사람들이라면 모두 알 수 있도록 '알린다'. 그러한 암묵적인 '메시지'는 가족에게 두려움, 걱정, 혐오감의 반응을 일으키기에, 당사자에게는 조금도 도움이 되지 않는 상호작용으로 되돌아온다. 증상은 신체적인 긴장을 해소하여 장기 손상이나 정신적 쇠약으로부터 환자를 일시적으로 보호할 수 있지만, 정신-신체의 불균형을 근본적으로 해결하지 못한다. 정신과 신체는 최선을 다해 더 효율적인 표현 수단과 해결책을 계속 모색해 간다. 어린 아동의 경우 이 과정은, 마치 특정 발달 단계가 특정 연령에만 이루어질 수 있다는 이론에 의해 지배받는 것처럼 최대한의 강도로 전개된다(Spitz, 1965). 정신의 자기조절 경향은 내면의 무의식적 이미지의 끊임없는 생성으로 나타난다. 이러한 이미지는 어른들에게는 밤의 꿈과 환상으로 도착하고, 아동은 자유롭고 상징적인 놀이를 통해 언제 어디서든 정신의 자기 조절력을 마음껏 발휘할 수 있다. 유일한 전제 조건은 두려움이 없는 맥락을 제공하는 것이다.

"놀이는 유전적으로 내재된 신경계의 유희적 충동을 반영하지만, 이를 온전히 표현하기 위해서는 적합한 환경이 필요하다. … 대부분의 포유류에게 놀이는 부모의 양육 참여도가 높은 가정 환경이라는 따뜻하고 지지적인 안전한 기반에서 시작된다." (Panksepp 1998, 281쪽). 판크셉은 쥐의 우리에 고양이 털 몇 개만 넣으면 즉시 모든 놀이 행동이 중단되어 그 상태를 유지한다는 사실을 밝혔다(18쪽). 뇌의 피질하 구조에 위치한 공포에 대한 동기 유발 시스템이 작동하는 순간, 같은 영역에 위치한 놀이에 대한 동기 유발 시스템은 더 이상 활성화될 수 없다. "연구된 모든 종에서 놀이의 즐거움은 배고픔의 욕구와, 외로움, 분노, 두려움을 포함한 부정적인 감정을 억제했다." (Panksepp 1998, 18쪽)

우리는 학습이 놀이적인 맥락에서 가장 잘 일어난다는 것을 알고 있으며, 이는 아동뿐만 아니라 성인에게도 마찬가지다. "놀이 중에 다양한 신경세포 성장 요소가 모집된다…"(281쪽)

치료 상황에서 우리가 정신의 자기 조절 능력을 가정하여 개입한다는 것은 상담사가 손상된 시스템을 복구할 필요가 없다는 것을 의미한다. 오히려 우리는 매번 새로운 특정한 것을 향해 항상 노력하는 이 정신-신체 시스템 자체에 의지할 수 있다. 이 시스템은 무엇을 추구하는 것일까? 기본적으로 두 가지 주요 방향, 즉 4발달(C.G. Jung에 따르면 개성화의 가장 넓은 개념)과 관계(인간은 사회적 존재)를 지향한다. 당연히 이 두 가지 기본적인 인간의 필요needs는 상호의존적이며 하나는 다른 하나 없이 고려될 수 없다. 그러

---

4 "일반적으로, 개별적 존재가 형성되고 (다른 인간과) 분화되는 과정이다. 특히 일반 집단 심리와 구별되는 존재로서 심리적 개인이 발달하는 것이다." C.G. Jung, (1921) Collected Works, Princeton University Press, Bollingen Series XX, Vol. 6, par. 757

나 심리 치료 과정에서 이 두 가지 필요는 어떤 주어진 순서대로 발현되지 않는다. 우리 상담사는 자신의 내면과 충분히 안정적인 관계를 맺지 못한 아동이나 성인이, 다른 사람에게 정서-신체적으로 접근하는 것을 거부하는 발달적인 결함을 종종 마주친다. 그들은 아직 자신과 좋은 관계를 맺지 못했기 때문에 다른 사람들과의 사회적 교류에 대한 욕구가 낮다. 치료 중에도 이들은 상담사와 친밀감이나 관계를 추구하지 않는다. 그들은 사실 다른 사람의 존재 없이 분석을 받으며 증상이 완화되기를 원한다. 한 내담자는 실제로 내게 "당신 없이 당신과 이야기하고 싶어요."라고 말한 적이 있다. 모래놀이 세션에서 이러한 회피 애착 패턴을 가진 아동은 상담사에게 등을 돌리고 놀거나 세션 내내 상담사를 무시한다. 이에 대해 아동이 죄책감을 느끼지 않고 놀도록 두는 것이 중요한데, 이를 통해 유아기에 결핍되었을 것으로 추정되는 것을 보상할 수 있기 때문이다. 즉, 보호자를 적당히 부를 수 있는 공유된 공간에서 방해받지 않고 자신만의 환상의 세계에서 놀 수 있는 것이다. 이러한 환경에서 아동은 자신의 내면에 집중해도, 어른의 세계에서 잊혀진다거나 훈계나 지시로 방해받을 것이라고 두려워할 필요가 없다. 놀이나 백일몽을 통해 만화경 순서로 나타나는 내면의 이미지를 보면서 자신을 진정시키고 활기를 회복하는 경험이 부족했던 경우, 정신의 자기 조절 경향은 즉시 그러한 목적으로 치료 기회를 사용할 것이다. 그리고 내담자는 상담사의 존재와 함께 새로운 내면 상태를 발견하려고 노력하기 시작할 것이다. 치료 환경은 이에 맞추어 설계된다. 즉, 내담자는 자신과 자신의 생각, 감정, 기억, 욕구에 초점을 둘 수 있다. 또 그래야 한다. 내담자가 의식적인 소망, 실망, 기대뿐만 아니라, 내면에 펼쳐지는 일련의 이미지들에 집중할수록 더욱 좋다. 신뢰를 할 수 있는 편안함, 즉 자신과 좋은 관계를 맺고 있다는 안정감이 생겨야만, 다른 사람에 대한 진정한 호기심이 생기고, 새로운 관계 모델을 형성할 수 있다.

내담자가 두려움 없이 다가갈 수 있는지 테스트될 가능성이 가장 높은 첫 번째 애착 대상이 바로 상담사이다. 모래상자 매체는 중립적인 제 3자로서 내담자가 자신만의 시간 동안 조용히 신체에 귀를 기울이면서 최고의 치료 잠재력을 발휘하도록 돕는다. 신체는 가장 원시적이면서도 가장 정교한 표현 방식인 촉각을 통해 자신을 표현한다(우리는 손으로 상상할 수 없을 만큼 많은 촉각 자극을 구별할 수 있다). 이 감각은 궁극적으로 우리의 호흡과 심박수, 혈압, 내분비 기능, 호르몬 항상성과 같은 추가적인 생리 기능과 밀접하게 연관되어 있다. 이 설명은 개인 분석 세션과 표현 모래작업 두 가지 방식 모두에서 운동감각적 상상력의 활용과 관련하여 유효하다. 그리고 아동과 성인 대상 둘 다에게 적용할 수 있다. 실제로 어떤 모습이 펼쳐지는지 다음 장들에서 소개하겠다.

제1장

자기에 대한
놀라움과 경이로움

Surprise and Wonder at Oneself

정신(영혼, Soul)과 물질이 동일한 세계 안에서 서로에게 끊임없이 접촉한다. 정신과 물질은 동일한 대상의 다른 측면인 게 틀림없다.
(C.G. Jung 전집, Vol. 8: 418)

모래놀이치료에서 가장 중요한 경험은 무엇일까? 모래놀이를 진행하기 위해서는 치료실에 두 개의 큰 상자와 상당한 양의 피규어를 갖추어야 한다. 피규어들을 진열하기 위한 선반을 놓기 위한 충분한 공간도 필요하다. 각 세션이 끝날 때마다 피규어들을 재정렬해야 하고, 바닥에 엎질러진 모래를 청소해야 한다. 그럼에도 불구하고 우리가 모래놀이를 하는 이유는 무엇일까? 모래놀이치료사는 이 접근 방법에 특별히 매료되었음에 틀림없다.

다른 치료적 접근과 비교되는 모래놀이만의 뚜렷한 이점이 있다. 내담자 대부분은 모래를 만진 후 몇 분 이내에 '자신에 대한 놀라움과 경이로움'을 발견한다. 처음 모래를 접촉하는 순간 예상치 못했던 감각, 잊고 있던 마음의 상태, 시각적 이미지와 연관된 새로운 생각과 움직임이 떠오른다. 때로는 손이 자연스럽게 움직이면서 특정 경로를 따라 움직이거나, 구멍을 만들고, 공간을 찾기도 하는데, 이는 '모래가 너무 매력적'이기 때문이다. 때때로 손은 전혀 예상치 못했던 형태들을 스스로 만든다. "오, 정말 신기해요!" "생각지도 못했는데..." "이런 느낌은 정말 처음이에요!" "...가 떠올라요" 내담자의 손은 모래의 일관성, 부드러움, 작은 접촉에도 반응하는 즉각성을 탐색하고, 이때 온갖 종류의 지각과 감정이 스쳐 지나간다. 그런데 그것들이 내면에서 나온 것인지 외부에서 나온 것인지 구별할 수가 없다. 순환 과정이다. 내면과 외부 세계, 신체와 정신 사이, 일반적으로 말해서 정신과 물질 사이에 매우 미묘하면서 지속적이고 구체적인 대화가 일어나고 있는 것이다.

도라 칼프의 치료적 태도

나는 1988년 졸리콘에 살고 있는 도라 칼프에게 그녀의 자택에서 모래놀이 분석을 받았다. 당시 80대였던 도라 칼프는 내가 모래 작업을 하는 동안 종종 졸았다. 이 당대의 유명한 상담사와 세션을 갖는 것은 큰 영광이었지만 그다지 실감이 나지 않았고, 오히려 계속 해야 하는지를 고민하고 있었다. 밀라노에서 취리히까지 가는데 꽤 긴 시간이 걸렸기 때문에 주말에 여러 세션을 예약할 수 있는지 물었지만, 그녀는 일주일에 한 세션이면 충분하다고 말했다. 정신은 세션 중에 나타난 것을 처리할 시간이 필요하다고 했다.

나는 한 세션에서 피규어를 사용하지 않고 모래로만 풍경을 만들었다. 완만한 언덕과 강, 이 둘 사이를 가로지르는 길을 만들면서, 아무도 그 길을 걷지 않았다는 생각이 들었다. 그리고 이 아름답고 고요한 곳을 아무도 본 적이 없다는 생각이 들었다. 그 풍경을 계속 바라보면서, 강이 언덕을 정밀하게 휘감고 있는 방식이 매우 친근하게 느껴진다는 것을 깨달았다. 그것은 '나의 자리'였다. 잠시 잊고 있었지만, 영원히 알고 있었던 나의 자리였다. 의심할 필요 없이 분명하게, 그날 '나의 자리'를 다시 찾은 것이다. 나는 재발견하면서 창조한, 역설적이며 중요한 의미를 지닌 이 독특한 장소를 떠나고 싶지 않았다. 이 경험은 위니콧 박사가 과도기적 대상을 설명하기 위해 들었던 한 아동의 사례와도 비슷했다. 그 아동은 작은 곰을 발견한 건지 발명한 것인지 구별할 수 없었다. 모든 창조적 행위는 발명이자 발견이다. 구별되지 않는다.

그녀와 나는 보통 모래놀이 세션 동안 내가 만든 모래 이미지나 다른 주제에 대해서도 많은 이야기를 나누었다. 그리고 나는 모래로 이 풍경 전체에 아주 부드럽게 천천히 비를 뿌리고 있었다. 이 부드럽게 내리는 비에 깊이 감명받으며 긴장이 몸에서 빠져나가는 것을 느꼈다. 오랫동안 하늘과 땅이 만나는 것처럼 비가 흐르고 나서, 그녀의 목소리가 들려왔다. 이 풍경에 대한 도라 칼프가 한 짧은 언급이 세션의 분위기를 더욱 강렬하게 만들었다. "작은 모래알 하나하나가 자신의 자리로 떨어지네요."

도라 칼프가 이 풍경 위로 쏟아지는 빗방울이 단지 자연의 표현이 아니라는 것을 이해했다는 점이 주목할 만하다. 그녀는 형이상학적 결과를 지닌 상징적 해석을 보여주었다. 먼저는 내 손의 신체 감각을 통해서, 그리고 다음으로 그녀의 말을 통해서, 나는 이 작은 모래알 하나하나가 내 손에서 무작위로 떨어진 것이 아니란 것을 확신하게 되었다. 각각의 모래 알갱이는 '떨어져야 할 위치를 정확히 알고' 있었다. 나는 희귀한 태곳적 경험을 하는 것 같았다. 아리스토텔레스의 '물질은 고유한 목적을 가지고 있다'는 주장과 정령 숭배 사상의 '물질은 생기가 있다'는 주장을 경험한 것이었다. 모래 비는 나의 내면과 외부에 동시에 존재하는 물질과 정신 사이의 연결 고리였다.

나는 다른 출판물에서 다음과 같이 썼다.

> 도라 칼프는 융 이론을 구체적으로 실현했다. 그녀는 상상에 만족하지 않았다. 물질 자체에서 무의식적인 내용을 찾을 수 있는 조건을 만들었다. 의식의 역사에서 회귀로 간주되는 사건이 일어난 것이다. 정신적 실체를 지닌 구체적인 물질은 단순히 무언가의 상징에 그치지 않는다. 그 물질은 전체를 대표하는 부분이며, 인간 발달의 아주 원시적인 단계와도 연관된다. 모래놀이는 개인의 아주 어린 시기까지 거슬러 올라가는 것을 가능하게 하며, 인류의 집단적 유년기로도 유사한 깊이로의 회귀를 가능하게 한다(Zoja, 2004).

위의 경험은 지난 20년 동안의 모래놀이치료 임상에 대한 성찰과 혁신을 관통하는 주제였으며, 이 뛰어난 도구를 접목한 새로운 방식도 개발하도록 이끌었다.

치료실에서 제삼자

모래놀이는 내담자에게 특별한 기술을 요구하지 않기에 '나는 그림을 잘 못 그려요'라고 말하는 것과 같은 저항이 덜하다. 3차원적 표현 공간에서 여러 차원의 경험들이 재빠르게 생성된다. 감촉에 대한 인식('모래가 정말 부드럽네요', '아, 모래가 생각보다 시원해요'), 율동적 요소('이렇게 몇 시간 동안 모래를 계속 빚고 싶어요'), 촉각적 경험('모래 속에 깊게 들어가는 게 좋아요', '모래를 꽉 움켜쥐고 싶어요') 마음의 상태에 대한 비유('지금 내 인생은 여기 사막과 같아요'), 그리고 아름다움에 대한 갈망의 만족('내가 만든 선들이 매우 멋지네요')이 그 예이다.

모래놀이치료사는 지시를 내리지 않으며 '왜'라는 질문을 하지 않으며, 교정하지 않는다. 의미의 이해 여부와 관계없이 이미지와 움직임을 생성하는 정신의 과정을 신뢰한다. 상담사는 진실성을 추구하는 내담자의 모든 행동에는 우연한 것이 없다고 가정한다. 시도, 망설임, 수정 등 모든 제스처에는 아직 알려지지 않았더라도 의도가 있다고 본다. 마치 부모가 아기의 협응 되지 않는 손놀림에 매료되어 관찰하는 것처럼, 모래놀이를 하는 내담자의 행동을 관찰하고 그것이 실제로 달성하려는 것이 '무엇'인지 궁금해한다. 상담사는 내담자의 모든 행동이 '무엇'인가를 성취하기 위해 노력하고 있다는 것을 믿는다.

동시에 상담사는 자신의 내면을 살핀다. 전개되고 있는 사건들에 대한 역전이 반응으로 나타나는 생각, 감정 및 신체 반응의 변화를 관찰한다. 신체적 형태의 역전이 반응은 모래와 물만 사용하는 모래놀이 세션에서 특히 강렬하고도 흔하게 일어난다. 상담사는 정신-신체 시스템의 환상 상태에 들어가고 상담사의 호흡은 무의식적으로 내담자의 호흡과 종종 일치하게 된다. 매우 흔한 역전이 반응 중 하나는 따뜻하고 톡톡 쏘는 비가 내리듯 기분 좋게 소름이 돋는 것이다. 이 순간에 상담사의 몸은 실제로 만지지 않아도 기타 줄의 소리가 울려 퍼지는 것처럼, 내담자에게서 방출되는 에너지를 위한 공명 상자가 된다. 나중에 내담자에게 바로 그 순간의 감각에 대해 물어보면, 그들에게 중요한 정서적 경험과 이에 상응하는 신체적 지각이 있었음이 드러난다. 내담자들도 상담사와 정확히 같은 순간에 소름이 돋았다고 설명할 수 있다.

칼 융(1998)은 1934년부터 1939년까지 5니체의 차라투스트라에 대한 세미나에서 다음과 같이 썼다.

---

5 니체는 '차라투스트라는 이렇게 말했다'에서, 특히 '신체를 경멸하는 자들에 대하여'에서 신체를 특별히 강조한다. 자아와 몸의 관계에서 융과 니체의 차이점은 니체는 자아를 몸과 동일시하는 반면, 융에게 자아는 몸과 영혼 모두를 나타낸다는 점이다.

> 무엇을 위한 몸인가? 몸은 단지 영혼과 정신의 현상일 뿐이다. 그리고 영혼은 몸의 심리적 경험이다. 그래서 그것들은 하나이며 같은 것이다. (융, 1998, p.99)

융은 다음과 같이 덧붙이며, 위의 주장을 이어갔다.

> 정신과 몸의 구별은 이해를 돕기 위해 꾸며진 것이다. 실제로는 살아있는 몸 외에는 아무것도 없다. 몸이 살아있는 정신인 것처럼 정신도 살아있는 몸이다. 둘은 동일하다. (114쪽)

우리는 왜 모래를 매체로 선택했는지 자문해 볼 수 있다. 나는 2012년에 이것에 대해 아래와 같이 썼다.

> 젖은 모래는 특별한 손재주 없이도 삼차원에서 다양한 창조를 가능하게 한다. 마른 모래는 가볍게 만지기만 해도 흔적이 생기기 때문에 손가락으로 무작위의 몇 개의 선만 그려도 서툴거나 미숙해 보이지 않는다. 모래알들의 미세한 움직임이나 재배열에 반응하는 정밀함은 세심한 분위기를 만든다. 모래상자는 마치 백만 개의 모래 알갱이가 준비되어 '듣고' 있는 것처럼, 미세한 영향도 빠짐없이 정확하게 기록하는 민감한 수신 장치처럼 작동한다. 조금씩, 모래 놀이꾼들의 동작은 이런 기민한 모래의 반응과 조율해 간다. (중략) 모래의 형태는 쉽게 바뀌며, 모든 파괴는 자동으로 새로운 창조로 이어진다. 같은 모래들이 계속해서 자신을 변형하기

때문에 아무것도 버릴 필요가 없다. 모래알 자체가 이미 가장 작은 입자이기에 파괴될 수 없다. (Zoja, 2011, p. 55-56)

그림1. 모래의 흔적들

그림2. 3차원의 나선형

도구로서의 한계

때로는 모래상자와 상담사의 존재만으로도 무의식적인 내용이 활성화될 수 있는 최면 분위기를 조성한다. 그러나 이러한 내용이 너무 쉽게 활성화되기에 이 도구의 위험과 한계에 직면하기도 한다. 내담자에게 해로울 수 있어 모래놀이를 사용할 수 없는 세 가지 상황을 간략하게 설명하겠다. 모래놀이를 사용할 수 없다고 느끼는 내담자들은 여러 가지 이유를 대지만, 모든 이유에는 자기 보호 기능이 있다. 다음 세 명의 내담자(여성 2명, 남성 1명)는 모두 성격 장애와 관련된 우울증 증상으로 약 1년 동안 분석을 받아왔다. 그들은 내 치료실에 있는 모래상자를 사용해 보고 싶다는 말을 가끔씩 하곤 했다. 이에 대해 우리가 동의한 후, 한 여성 내담자를 먼저 모래놀이로 초대했다. 그녀는 세션에 도착했을 때 이미 매우 흥분한 상태였다. "드디어 오늘 시작하는군요."라고 말하며 긴장한 기색이 역력했다. 그녀는 모래상자에 다가갔지만 일정 거리를 두고 망설이며 생각에 잠긴 것 같았다. 눈을 감아도 된다는 것과 몇 가지 안내 사항을 설명하고 있는데, 그녀는 이미 넋을 잃고 말했다. "모래가 너무 아름답고 밝고 깨끗해요. 내 땀에 젖은 손을 거기에 넣을 수 없어요. 더러워질까 봐 겁이 나요. 안 돼요. 하지 않겠어요."

두 번째 여성 내담자에게도 비슷한 일이 일어났다. 그녀는 모래 상자와 피규어들을 사용해 보려고 생각했지만, 막상 시작하기로 결정한 날, 그녀는 다시 생각해 보았다고 말했다. 첫 번째 내담자와 달리 모래 상자 쪽으로 전혀 움직이지도 않았다. 오히려 등을 돌리며 이미 얼마나 많은 사람들이 그 모래를 사용했을지, 얼마나 많은 박테리아가 있을지, 얼마나 많은 손에서 땀이 흘렀을지에 생각해 봤다고 설명했다. 상담사인 내가 모든 세션마다 세척할 수는 없으니 모래들은 더러워졌을 것이라고 했다. 모래를 청소하는 데는 많은 작업이 필요하며, 최대 6개월에 한 번씩 한다고 설명했다.

두 경우 모두, 모래는 내담자들과 첫 번째 신체접촉이 있기도 전에 그들의 강렬하고 상반된 투사를 받았다. 첫 번째 내담자에게 모래는 이상화되어 접근할 수 없는 대상이 되었고, 모래의 순수성에 자신이 합당하지 않다고 느꼈다. 두 번째 내담자에게 모래는 내면의 박해자가 되었고, 모래의 공격과 오염으로부터 자신을 보호해야 했다. 두 번째 내담자의 인식에 따르면, 다른 사람들이 그녀가 원했던 자리를 이미 오래전에 점령해 버렸기 때문에, 그곳에서 그녀가 자신만의 무언가를 발견할 가능성은 전혀 없었다. 모래에 대한 그들의 반응과 관련한 생애 초기 관계와 이후의 행동 패턴은 이들의 발달사와 현재의 일상에서 쉽게 확인할 수 있었다. 그러나 그들을 모래놀이로 치료할 수는 없었다. 두 내담자 모두 무의식의 내용이 너무 크게 활성화된 결과로부터 자신을 보호하고 있었기 때문이다. 두 내담자 모두 표현매체를 찾는 것보다 직접적인 치료 관계가 더 중요했다. 상담사는 신뢰할 수 있는 분위기를 조성하여, 내담자가 표현하는 이러한 정신의 방어 매커니즘에 귀를 기울이고 예외 없이 존중해야 한다.

세 번째 내담자의 경우에도 모래놀이에 접근하는 두 번의 시도 과정에서 유사한 구성이 나타났다. 이 남성은 지난 이 년 동안 상담을 받아온 예술 분야 종사자로 모래놀이를 통해 그의 막힌 창의력이 해결되기를 희망하고 있었다. 그는 모래상자 앞에 앉아 손으로 빠르고 능숙하게 모래의 표면을 두어 번 가로지르더니 "여기는 모래언덕이예요."라고 말했을 뿐이다. 그에게 모래는 단순히 모래일 뿐이었다. 은유적이거나 상징적인 표현 없이 문자 그대로의 의미만 있었다. 모래는 모래이다. 나는 그가 이런 식으로 계속 접근하면 상징적으로 표현할 여지가 거의 없을 것이라고 판단했다. 우리는 세션의 나머지 시간 동안 그의 꿈을 분석했고, 이 경험에 대해서는 다루지 않았다. 그는 다음 세션에서 모래놀이를 다시 시도하기를 원했다. 이번에는 모래상자 앞에 앉아서 잠시 동안 모래가 손가락 사이로 흐르게 했다. 그리고 그는 "모래가 손가락 사이로 너무 쉽게 지나가더니 사라졌어요. 그냥 사라졌어요. 아무것도 남지 않아요. 이건 저를 위한 것이 아니에요. 이 모든 것이 녹아서 영원히 사라져 버려요. 차라리 찰흙이 낫겠어요. 적어도 잡을 수 있는 단단한 것이니까요."라고 말했다. 그는 모래의 느슨함이 그의 해리 준비 상태를 활성화할 수 있다는 것을 분명히 느꼈던 것이다.

따라서 처음부터 모래에 대한 내담자의 말을 아무리 사소한 것이라도 마치 그들의 내면의 존재에 대해 말하는 것으로 이해하는 것이 중요하다. 그리고 모래로 작업하는 것이 상담 초반에 가볍게 제안될 수 있는 것이 아니라는 것은 말할 필요도 없다.

그림3. 모래언덕

언어적 의사소통을 위한 절호의 순간

반면에 안정된 환경이 조성되어 있고, 내담자의 동기가 확고하며, 무의식의 내용에 충분한 관심이 있다면, 모래와 처음 접촉하는 순간은 일반적으로 내담자의 매우 민감한 핵심 감정 문제로 직결된다. 다음 예는 상담사가 모래에 묘사되고 있는 것에 대해 짐작하여 언급하지 않는 것이 얼마나 중요한지 보여준다. 시기상조의 질문은 표현하는 데 시간이 걸리는 정신의 과정을 방해하거나 재외상retraumatizing을 일으킬 수 있다. 내가 생애사를 잘 알고 있는 50세 여성이 그녀의 첫 번째(총 30번째 세션) 모래놀이 세션에서 두 손을 모래 위에 올려놓고 몇 분 동안 그 자세를 유지하며 내면의 감정에 집중하고 있었다. 그러다 갑자기 오른손이 모래 밑으로 들어가 시야에서 사라졌고 다른 손은 여전히 표면 위에 남겨 있었다. 나는 이 동작이 다른 많은 내담자의 유사한 행동과 다른 특성을 지닌 것처럼 보였기 때문에 깜짝 놀랐다. 보통 다른 내담자들은 마치 태어나기 전에 있던 대지모Mother Earth의 자궁 속으로 돌아가 안전을 찾으며 다시 외부세계에 나갈 준비를 하는 것처럼, 한 손 또는 양손을 묻는다. 그런데 이 내담자의 오른손이 갑자기 잠수하듯 사라졌고 왼손 혼자 남아 넋을 잃은 듯 모래 위에서 서성거리기 시작하자 나는 불안한 느낌이 들었다. 나는 내담자의 표정이 약간 괴로운 듯해 지금 기분이 어떤지 물었다. 그녀는 손이 모래 밑에 있고 싶다고 대답했다. 그녀에게 손이 원하는 것이 무엇인지 탐색하고 가능한 한 그 바람을 따라가 보라고 권유했다. 몇 주 후, 모래놀이를 하지 않은 세션에서 내담자는 오른손이 모래 속에 묻혀 있던 그 첫 번째 모래놀이 세션 때의 감정으로 자발적으로 돌아가 접촉했다. 그녀는 자신의 손이 더럽고 부끄러웠으며, 숨어서 남에게 보이지 않으려는 욕구를 느꼈다고 설명했다. 이번 세션에서는 모래놀이를 하지 않았기 때문에, 이 수치심과 더럽다는 느낌에 이유가 있는지 물어보는 언어적 접근을 활용했다. 그녀는 감정이 격렬하게 폭발하면서 어렸을 때 정기적으로 그를 자위하도록 강요했던 오빠의 성폭행 사례에 대해 이야기하기 시작했다. 이 기억은 그녀가 모래를 처음 접하는 순간 갑자기 떠올랐고, 모래 밑에 손을 묻을 수 있다는 사실에 큰 안도감과 한없는 부끄러움을 동시에 느꼈다.

　모래놀이 중에 트라우마 경험이 제스처나 동작으로 활성화되는 경우, 대부분 상담사가 즉시 알아차리지 못한다. 상담사는 역전이 감정이나 가설과 질문이 있을 수 있지만, 이 모든 것을 당분간은 혼자 간직할 것이다. 모래에 이슈를 묘사하는 것은 정신 수준에서 처리될 수 있는 전제 조건만 먼저 설정하는 것인데, 운동감각 지각을 통해 그 이슈는 내담자의 의식으로 들어 올려진다. 내담자가 자발적으로 그 이슈에 대한 구두 의사소통의 순간을 선택한 경우에만 직면이 재외상의 위험을 거의 발생시키지 않는다. 상담사의 임무는 먼저 외부에 대한 관찰과 내면의 역전이를 스스로 반영하면서 처리하는 것이다. 내담자는 대부분 상담사의 이러한 심리적 소화 정도를 무의식적으로 인지하고, 이에 대해 그들의 정신-신체 시스템은 그 당면한 이슈를 처리하기 위한 추가적인 시도를 한다. 예를 들면 꿈이 떠오르거나, 기억이 더 떠오르거나, 투사적 동일시로 추정되는 새로운 신체 증상과 역전이 현상이 나타날 수 있다. 따라서 이슈는 언어로 다룰 준비가 될 때까지 상담사와 내담자 양측에게 계속해서 전달되고 처리된다.

운동감각적 상상

우리는 상상이 내면의 눈으로 그리는 일련의 이미지라고 생각한다. 그러나 상상은 오감각 중 어느 하나에서든지 나올 수 있고 움직임에 대한 지각인 운동감각(kinesthesia, 고대 그리스어 kineo = 움직이다, estein = 지각하다)에서도 나온다. 모래놀이의 흥미로운 점은 운동자극에 의해 촉발된 상상이 반드시 내면의 '이미지'를 생산할 필요는 없이 바로 또 다른 '움직임'으로 이어질 수 있다는 점이다. 따라서 상상은 신체적 행위로 남아 손 자체의 움직이려는 충동과 모래에서 인지한 형태들 사이에 상호작용이 일어나며 계속해서 새로운 움직임을 유발하고 새로운 형태를 만드는 상호작용이 일어난다. 그 결과 모래와의 운동감각적 대화가 이루어진다.

적극적 상상active imagination을 시작할 때 융이 지시하는 말("OO 이미지를 생각해보세요")과 대조적으로, 모래놀이에서 우리는 내담자의 손이 모래를 만지면서 오는 충동과 욕구들을 기다린다. 어떤 의미에서 이것은 움직임을 통한 적극적 상상(Chodorow 1991)인 진정한 움직임Authentic Movement의 접근 방식과 유사한 듯 보이지만, 모래놀이는 손만 사용한다는 점과 관찰자인 상담사뿐만 아니라 촉각적 대화의 상대인 모래의 존재도 있다는 점이 다르다.

손바닥 아래에서 느껴지는 모래의 자극은 매우 다양한 종류의 감각 경험으로 빠르게 이어진다. 놀랍게도 이러한 경험은 문제 지향적이며 동시에 자원 지향적이다. 예를 들어, 동일한 세션과 동일한 상자에서, 모래는 내담자에게 위험하고 빨아들이는 소용돌이로 인식되다가 갑자기 안정적이고 견고하며 신뢰할 수 있는 땅으로 인식될 수 있다. 이것들은 구체화 되는 상징적인 경험으로써 신체에 대한 자기조절 효과를 가져오고, 전체 정신-신체 시스템을 성숙의 과정으로 이끈다. 모래와의 매우 민감한 접촉을 통해 내담자는 내면과 외부 세계가 밀접하게 관계하며 끊임없이 상호 작용하는 것을 경험한다. 이는 감각, 감정, 생각을 분별하고 자각하는 강렬한 과정으로 이어진다. 내담자들이 이러한 감각을 설명하기 위해 하는 말들은 파라켈수스Paracelsus의 문장인 "안에서와 같이 밖에서도, 위에서와 같이 아래에서도"와 비슷하다.

신체로 구현되는 상징

다음 예를 통해, 상징을 시각적인 상상이 아닌 촉감각으로 경험할 경우의 전체적인 효과를 설명하겠다. 60대에 성공한 사업가로서 커리어의 절정을 누리고 있는 크리스씨는 관계에서 어려움을 겪고 있었다. 그는 자신의 삶에 대해 의문을 가지고 교차로에 서 있다고 말했다. 많은 책임감과 타인의 바람, 특히 가족의 바람에 순응하며 살아온 현재 삶의 방식을 근본적으로 바꾸는 것과, 그러한 변화를 감행하기에는 너무 늦은 나이라고 두려워하며 이전과 같은 패턴을 이어가는 것 사이에 서 있었다. 타인과 관계를 맺는 그의 방식은 자율에 대한 강한 욕구와, 연인에게 완전히 녹아들고 싶은 무의식적 공생 욕구 사이를 오가며 동요했다. 이러한 동요는 죄책감과 공격성의 폭발적인 혼합을 만들었다.

그가 눈을 감고 두 손을 모래 위에 얹었을 때 가장 먼저 떠오른 생각으로, 내게 했던 말은 '○○(그의 혼외 파트너)에게 이 독특한 치료법에 대해 말해야겠어요.'였다. 자신의 삶을 거의 전적으로 다른 사람의 시선과 의견에 따라 살았다는 점을 크리스가 이미 이야기했기 때문에, 이 말의 의미는 우리 둘 다에게 분명했다. 그는 아직 개인적인 경험을 홀로 진지하게 받아들이고 즐길 만큼의 충분한 내적 안정을 갖추지 못했다. 자신의 개인적인 경험의 실체를 직접 보기 전에 상대방의 확인이 필요했다. 즉, 그는 대체적으로 파트너의 시선을 통해 보는 삶을 살아왔다.

다음으로 크리스는 눈을 감고 모래 위를 아주 부드럽게 쓸기 시작했고, 기분이 아주 좋고 편안해진다고 말했다. 이 동작을 몇 분 동안 계속했다. 모래 위에서의 그의 움직임은 '찾음과 발견'의 과정이었고 조급함이 없었다. 나는 그가 모래놀이에서 일어나는 과정을 신뢰하고 동의한다는 것을 느낄 수 있었다. 그러던 중 나의 자유롭게 떠다니던 주의를 찢어놓는 순간이 왔다. '어머니'라는 단어가 거의 환청처럼 들려왔고, 나는 정신이 갑자기 번뜩했다. 그는 나란히 모은 두 손이 보호받으며 쉴 수 있게 모래의 움푹한 곳으로 깊게 가라앉도록 했다. 그의 표정과 자세에서 평화와 만족의 빛이 발산되었다. 몇 분 후 그는 눈을 뜨고 '이건 내가 전혀 기대하지 않았던 것'이라고 말했다. 그는 손의 움직임에 따라 나타난 감정들을 이야기했다. 그는 보지 않고 촉감으로만 느낄 수 있는 선과 형태들을 정처 없이 만드는 행동을 즐겼다. "끝날 무렵에 가장 놀라운 느낌을 받았어요. 내 손이 모래에 만든 흔적에 누워 있는 것을 느낄 수 있었어요. 내 손이 자신의 자리, 유일하게 가능하고 참된 자리를 찾았어요. 그 느낌만으로도 너무 좋았는데, 눈을 뜨고 보호받고 있는 내 손을 보니 감동이 더 컸어요"라고 말했다. 이후 그의 우울증은 가벼워지기 시작했다. 그의 신체 형태로 구현된 이 상징적 경험은 시각적으로 볼 수 있으며 언어적으로도 이해되었다.

나의 역전이 반응은 아동 상담사로서의 이론적 배경에 영향을 받은 것으로, 내 나름의 상상적 언어로 드러난 것일 것이다. '어머니'라는 단어가 크리스 자신과 관련이 있는지, 예를 들어 그 순간 그가 '어머니'에 대해서도 생각했는지는 관련성이 없을뿐더러, 그런 질문을 하는 것은 치료적 실수라고 생각한다. 앞서 언급했듯이, 우리는 인과 관계뿐만 아니라 목적론적인 설명을 추구하기 때문에 크리스가 스스로 경험한 구현된 상징은 그를 한 걸음 더 나아가게 하기에 충분했다. 자원 지향적인 방향은 치료에서 항상 가치가 있으며, 어떤 이론적 접근 방식과 접목해도 자연스럽게 효과가 나타난다. 여기서 설명하는 모래놀이 접근법은 다른 방법의 치료 세션에 쉽게 통합될 수 있다. 다만, 한 가지 조건은 상담사가 모래놀이의 내용에 대해서 언급할 때, 각자의 이론적 접근법을 사용해서 해석하지 않는 것이다. 상담사가 언어로 상담하는 시간에 해석적으로 개입하는 것이 익숙하더라도, 모래놀이 중에는 이를 절대 삼가야 한다. 모래 이미지는 해석의 시도로부터 보호되어야 한다. 다음에서 우리는 모래놀이가 예상치 못한 방식으로 그 효과를 드러내는 것을 계속 보게 될 것이다. 이는 모든 내담자들이 모래와 관계를 맺는 자신만의 방식을 매번 새로 발명해 나가면서 궁극적으로 그들에게 '알려지지 않았던 것'을 경험하기 때문이다.

안내하는 방법

지금까지 설명한 바에 따르면, 미술 치료에서 "그림을 그려주세요."라고 내담자에게 요청하지 않는 것처럼, 모래놀이치료에서 운동 감각적 상상력을 촉진하기 위한 지시어가 "여기 모래로 무언가를 만들 수 있어요..."가 될 수 없다는 것은 분명하다. 모래놀이치료의 목표는 내담자로 하여금 자기 인식이 주체가 되지 않고 있는, 지금까지 알려지지 않은 경험의 영역에 접근할 수 있도록 돕는 것이다. 따라서 상담사가 무언가를 "만들라" 또는 "창조하라"고 제안하기보다는 정반대를 권장한다. 즉, 무언가를 창조하는 것이 아닌, 촉각적 지각 능력을 촉진하는 연습으로 격려하는 것이 가장 좋다. 여기에는 약간의 인내심이 필요하다. 우리는 시각적으로 상상하는 데 익숙하기 때문에, 내담자는 떠오르는 여러 아이디어와 상상을 모래에 묘사하고 싶은 욕구를 참아야 한다. 이 욕구를 따르게 되면, 양측 모두에게 예상치 못한 정서적 침투를 경험하게 하는 살아있는 상징이 만들어지지 않을 가능성이 높다. 오히려 별다른 놀라움을 주지 않는, 이미 알려진 행동 패턴을 회화적이고 은유적 언어로 번역하는 것에 불과한 단순한 놀이가 될 수 있다. 운동감각적 상상에서는 무엇보다도 처음으로 모래에 접촉하는 순간에 손이나 손가락 끝이 실제로 '원하는 것'을 감각적으로 인식하는 것이 가장 중요하다. 그리고 두 번째는 떠오르는 생각과 상상보다는 손이 자신의 의도를 가진 자율적 존재인 것처럼 계속해서 손의 소원에 초점을 두는 것이다. 때로 손의 소원은 자아의 소원에 반할 수도 있다. 내담자에게 다음의 안내의 말을 해줄 수 있다.

괜찮으시다면, 눈을 감고 모래를 조심스럽게 만져보십시오. 어떤 느낌인지 경험해 보십시오. 그 느낌이 마음에 든다면, 손바닥을 모래 위에 올려놓고 그 감각을 경험해 보십시오. 손바닥이 다른 것을 하기를 원하는지, 아니면 잠시 그대로 있고 싶어 하는지 느껴보십시오. 눈을 감은 채로 당신은 지금 어떤지와 떠오르는 생각, 감정, 기억 또는 신체적 감각에 대해 언제든 이야기할 수 있습니다. 또는 아무 말도 하지 않을 수도 있으며, 원하신다면 나중에 이야기할 수도 있습니다. 마음속에 구체적인 어떤 것을 만들고자 하는 아이디어나 이미지가 떠오를 때는 먼저 조금 기다렸다가 당신의 손에게 실제로 그것들을 원하는지 물어보십시오. 손이 책임자입니다. 때로 손은 이 새로운 역할을 이해하는 데 약간의 시간이 필요하며 그냥 누워서 쉬고 싶을 때도 있습니다. 모래에 조금 더 깊이 누워 있고 싶을 때도 있고, 특정 동작을 하고 싶을 때도 있습니다. 무슨 일이 일어나든지 일어나게 두십시오. 그러나 무언가를 하고 싶은 새로운 충동을 느끼거나 모래 안에서 창조하고 싶은 이미지가 생길 때, 먼저 당신의 손에게 이것이 정말로 지금 하고 싶은 일인지 물어보십시오.

이러한 안내의 말은 내담자의 주의를 신체적 지각으로 이끌 것이며, 무언가 재미있거나 아름다운 것을 만들어야 한다는 압박감을 사라지게 할 수 있다. 이렇게 하면 신체 자체에서, 그리고 신체에서 가장 조밀하게 신경이 분포된 부분인 손에서 비롯된 상상력을 발휘할 수 있다. 회화적 상상을 따르는 것을 거부하고, 계속해서 몸의 지각으로 되돌아가라는 제안에는 신체 반응이 느려질 것이라는 암시가 내재되어 있다. 신체적 과정에 집중하면 몸의 전체 시스템이 이완된다. 이미 존재하는 것을 인식하는 것 외에는 아무것도 기대받지 않기 때문에, 수행에 대한 어떤 형태의 압박도 사라질 것이다. 과정이나 움직임이 불안정하게 보일 때마다 상담사는 이렇게 물을 수 있다. "손이 지금 원하는 것은 무엇인가요? 손은 만족하나요? 그 자리에 머물고 싶어 하나요? 이대로도 기분이 좋은가요? 다른 것을 원하나요?" 거의 20

년 동안 상담을 해왔지만, 첫 번째 세션에서 조금이라도 서로 유사한 과정이나 경험을 한 내담자들이 없다. 다음 장에서는 이 과정을 수행한 몇 가지 사례들을 소개하겠다.

사진 촬영에 대해서

상담사는 각 세션이 끝난 후 모래 이미지를 촬영하지만, 내담자는 이 사진을 집에 가져갈 수 없다. 이 원칙은 모래 이미지가 완성된 후에도 정신 속에서 창작 과정이 계속된다고 믿었던 도라 칼프(1960)의 지침을 따른 것이다. 모든 기억의 경우와 마찬가지로, 이미지가 창조자의 기억 속에서 계속 변화하고 발전한다는 의미에서 영향이 있다. 내담자가 세션 후 이미지를 촬영하고 다음 날에 그것을 보게 되면, 내면의 자율적인 과정의 지속은 방해받고, 내담자의 기억은 사진에 포착된 순간을 유지한다. 모래놀이 과정을 사진으로 표현하는 것은 과거에는 거의 연구되지 않은 복잡한 영역이다. 나는 중국에서 일련의 모래 이미지를 강연 중에 청중에게 보여준 적이 있다. 일반적으로는 그러한 이미지들을 소규모 그룹이나 임상적 맥락에서만 보여준다. 쓰촨성 지진 이후 자원봉사자 집중 훈련을 위한 대규모 행사에 포함된 강연이었다. 강연의 목표는 가능한 한 짧은 시간에 많은 사람들에게 정보를 제공하고 훈련하는 것이었기 때문에, 임상 훈련을 받지 않은 외부인들도 강연에 참석할 수 있도록 했다. 재난 지역에서 모래놀이가 어떻게 적용될 수 있는지 모래 이미지 사진 몇 장을 보여주면서 모래 이미지가 만들어지는 과정을 설명하고 있었는데, 한 남자가 손을 들며 분노를 표출했다. 통역사는 그 남자의 말을 다 전달할 수 없어 꽤 애를 먹고 있었고, 나는 그 남자가 했던 말의 일부만 전달받았을 것이다. "당신이 한 일은 영혼을 촬영한 것이 분명해요! 무례한 행동입니다. 어떻게 그것을 이 모든 사람들 앞에서 보여줄 수 있나요?" 그는 제정신이 아니었다. 나는 그 사람이 옳다는 것을 알았지만, 그에게 여기에 참석한 청중이 필요한 존경심을 보여줄 것이며, 내 강연은 교육이 목적이라고 변명했다. 하지만 그것은 그가 말하려는 요점이 아니었다. 그의 주장은 '영혼'을 촬영해서는 안 된다는 것이었다.

이 해프닝이 중국에서 생긴 것은 우연이 아닐 것이다. 조상 숭배가 중심적인 역할을 해온 고대 문화(5대까지 거슬러 올라가는 먼 조상들이 일상생활에 포함된)는 영혼과 관련된 문제나 그것들을 표현하는 방식들을 더 자주 접했을 가능성이 높다. 서구 세계관은 이 점에서 특수한 면은 덜해 보인다. 물론 유일신교의 영향으로 우리 몸 안에 영혼이 있다고 가정하지만, 이 영혼이 몸 밖에서도 물질적 현존의 형태를 취할 수 있다고 의식적으로 상상하지 않는다. 그러나 우리도 마치 프레스코화의 색상에 우리가 만나고 싶은 거장의 영혼이 일부 담겨 있다고 가정하는 것처럼, 똑같이 보이더라도 모조품이 아닌 원본 예술 작품을 보는 것을 소중하게 생각한다. 우리는 창조자에 대한 존경심으로 모래 이미지의 표현을 최대한 신중하게 다루어야 한다. 모래 이미지는 항상 보는 사람의 감정과 정신 상태에 영향을 미친다. 심지어 인지적 수준에서 특별한 의미가 없거나 중립적인 것으로 분류되는 모래 이미지도 심리 상태에 영향을 미치는 것으로 나타났다. 내 경험에 따르면, 사진으로 촬영된 모래 이미지가 감정 상태에 미치는 암시적 효과는 그것을 만드는 동안 일어났던 인지 처리가 덜 할수록 강하다. 이런 의미에서 모래 이미지의 사진은 드로잉이나 회화 사진과 비교할 수 없다. 나는 이를 모래놀이 과정이 드로잉이나 회화보다 훨씬 더 즉각적으로 무의식적 역동성을 활성화할 수 있기 때문이라고 설명한다. 여기에는 두 가지 이유가 있다고 본다. 첫째는 모래놀이의 촉각과 운동 감각적 특성이고, 둘째는 기술적 측면에 에너지를 거의 소비하지 않고 대신 지각과 표현에 온전히 집중하기 때문이다.

제2장

밖에서도, 위에서와 같이 아래에서도

As Within, So Without,

As Above, So Below

아달베르트 슈티프터는 자신이 기억하는 '내면의 어두운 얼룩'을 나중에야 '내 밖의 숲'으로 이해했다.

를 기록한 방식처럼 시적 형식을 통해 묘사한다(Daniel N. Stern, 1990). 한 시인은 훨씬 더 직접적인 방식으로 이를 묘사했다. 아달베르트 슈티프터는 자신이 기억하는 '내면의 어두운 얼룩'을 나중에야 '내 밖의 숲'으로 이해했다("내 안에 어두운 얼룩이 있다. 나중에 기억은 그것이 내 밖에 있던 숲이었다고 말해주었다."라고 말했다; "Es waren dunkle Flecken in mir. Die Erinnerung sagte mir später, dass es Wälder gewesen sind, die ausserhalb mir waren", Stifter, 1867)

이 시점에서 나의 치료적 접근이 발달심리학에 기반을 두고 있음을 밝힌다. 그러나 앞서 언급했듯이, 내담자에게 이에 기반한 해석을 전달하지 않는다. 이 접근은 내가 내담자의 삶의 역사를 이해하는 데 유용한 도구 중 하나이지만, 유일한 접근 방법은 아니다. 각 관점은 이해하기 복잡한 현상들을 특정 유형으로 강제로 분류할 위험이 있으며, 이는 현상을 이해하는 데 도움이 되는 맥락을 풍부하게 하는 대신 제한한다. 가령, 내담자를 무력한 유아로 간주하여 매우 해로운 영향을 줄 수도 있다. 내가 발달심리학의 관점을 고수하는 이유는 신경생물학에서도 인정하는, 지난 수십 년간 발전한 애착 이론 분야의 과학적 결과 때문만은 아니다. 내담자는 나의 접근 방식과 상관없이 모래놀이를 통해 자기 내면에 접근할 수 있고, 현재 삶의 상황을 받아들이며, 실질적인 변화를 일으킨다는 단순한 관찰을 통해서였다. 다시 말해, 상담사가 자신의 이론적 배경을 객관적 진실로 착각하지 않는 한, 내담자의 자기 탐색은 방해받지 않을 것이며, 그들의 정신은 상징물의 도움으로 자기 조절 능력을 최대한으로 발휘하기 시작할 것이다.

다음 예를 통해 모래놀이를 통한 감각지각에 의한 깨달음의 과정, 즉 이 근사한 '감각 해석학sensorial hermeneutics'이 발달심리적 관점에 묶여 있지 않다는 것을 강조하고자 한다. 그리고 이 접근으로 독자들의 주의가 산만해지지 않기를 당부한다. 이 접근은 단지 나의 인지적 이해를 돕는 안경이며, 치료가 진행됨에 따라 그 중요성이 점점 덜해질 것이다.

예를 들어, 한 내담자가 모래로 작고 다부진 형체를 만들었다고 가정해 보자. 내담자는 이 3차원적이고 실재적이며 만져볼 수 있는 이 형태를 보며 만족스럽고 자랑스러우며 행복감을 느낀다. 이 형체를 둔덕이라고 부르겠다. 다음 세션에서는 둔덕 두 개를 만들어 서로 연결함으로써 서로 관련성이 있음을 보여주었다. 이번에도 내담자는 매우 만족스러웠고 감동에 벅찼다. 이런저런 시도를 하던 내담자의 손 아래에, 이번에는 둔덕 세 개가 만들어졌다. 이 세 번째 둔덕의 존재는 다른 두 둔덕을 상대화시키고 있다. 나는 이 일련의 장면들을 초기 유아기의 심리적 과정을 대표하는 표현으로 이해할 수 있다. 즉, 하나로 통합된 단일한 세계가 '나와 당신'(어머니 또는 주요 양육자)을 경험하는 세계로 이어지고, 이 기초적 관계를 초월하는 더 높은 수준(아버지 또는 사회)이 등장하며 삼각관계를 경험하는 것이다(Neumann, 2014). 다음 단계로 나아갈 때마다 새로운 요소가 추가되면서 이전에 존재했던 세계들을 뒤흔든다. 아동, 어머니, 아버지를 추상적인 숫자 1, 2, 3으로 비유했다. 한편, 개별화 과정을 중심으로 하는 모래놀이는 이 과정을 융(1953)이 제시한 연금술 과정으로 이해할 수 있다. 이 예에서 장면이 계속된다면 3에서 4로 변형이 일어날 것인데, 4는 심리적 에너지의 방향이 전환되는 것을 상징한다. 그리고 곧 이전 수준을 모두 통합하고 한 단계 더 발전한 패러다임의 출현을 상징하는 5로의 변형이 이어질 것이다. 이렇게 발달심리학적 접근 외 다른 관점을 상호 보완적으로 사용하면, 현상을 '그저...이다'로 일축하는 환원적 해석을 예방할 수 있게 돕는다.

멈춤, 쉼 그리고 공간 만들기

내담자에게 모래를 만져보고 자기 손이 정말 원하는 것이 무엇인지 들어보라고 요청하면, 많은 이들이 손바닥을 모래 위에 얹고 손의 욕구에 귀를 기울이고 나서, 손이 원하는 것은 그대로 있고 싶은 것임을 발견한다. 쉬고 아무것도 하지 않는 것을 말이다. 손이 모래 속으로 조금 더 깊이 들어가 자신이 만든 움푹한 곳에서 휴식을 취하면, 내담자의 표정이 이완되고 심호흡을 한다. 어떤 사람들은 모래를 처음 만진 후 자신을 위해 더 많은 공간을 만들고 싶은 충동을 느낀다. 그들 앞의 축축하고 묵직한 모래는 그런 충동과 완벽하게 맞아떨어져, 파란 모래상자 밑바닥이 나타날 때까지 모래를 밀어내며 만족감을 느낀다. 내담자는 해방감을 느끼며 이 동작을 여러 번 반복한다.

40대 여성인 베키는 눈을 감고 손바닥을 모래 위에 얹었다. 상상으로부터가 아닌 손 자체에서 오는 느낌이나 충동을 기다리고 있었다. 한참 동안 손의 욕구에 귀를 기울이더니 말했다. "손에 에너지가 너무 많아요. 에너지가 넘쳐흐를 것 같아요." 나는 그때 베키가 나에게 말했던 꿈이 기억났다. 꿈에서 그녀는 자기 아파트에 있는지 몰랐던 새로운 방을 발견했다. 그녀는 이어서 "이 모든 에너지가 땅으로 흘러내리는 것 같아요. 내 가슴에서 시작하여 두 팔을 타고 손으로 흘러내려 땅으로 들어가고 있어요." 자신의 느낌에 반신반의하는 기색이 역력했고, 나는 "그런 느낌이 어떠세요?"라고 물었다. "잘 모르겠어요. 음, 어쨌든 에너지가 낭비되고 있네요. 땅으로 흘러가기 때문에 아무도 그것을 사용할 수 없어요. 내가 할 수 있는 게 없어요."고 말했다. 나는 더 이상 이에 대해 언급하지 않았다. 의식적인 성찰은 그녀의 감각적 인식을 흐트러뜨릴 것이기 때문에 말을 아꼈다.

베키는 모래 표면을 부드럽게 쓸면서 광활한 공간성을 탐험했다. 그녀는 모래상자가 얼마나 무한하고 광대하게 보이는지를 이야기했다. "여기에 공간이 너무 많아요. 그리고 다시 더 많은 공간이 나타나요!" 그녀는 모래상자의 상단 끝이 너무 멀어 도달하기 어렵다고 느끼기까지 했다. 베키는 눈을 감은 채로 손으로 모래상자의 상단 모서리를 따라가며 만졌다. "이 경계는 안에 방대한 공간을 갖고 있기 때문에 안정감과 지지받고 있음을 느껴요. 나를 위해 이 모든 공간이 있다는 것이 믿기지 않아요!" 그녀는 심호흡을 하면서 손바닥으로 광활한 공간을 미끄러지듯 쓸었다. 그녀의 손바닥 아래로 지나가는 모래는 나에게도 광활하고 넉넉하게 보였다. 그때 베키가 말했다. "마음이 깃털처럼 가벼워졌어요." 그녀는 제한이 많고 보수적인 중산층 사회와 정신병리적인 가족 배경에서 성장했고 심인성 질환(주로 위장 계열)을 앓고 있었다. 그녀는 이 방대한 정신의 공간을 마음대로 사용할 수 있다는 것에서 강렬한 해방감을 느꼈다.

베키가 눈을 뜨자 의기양양했던 감정은 실망으로 바뀌었다. 마치 모래상자의 크기가 줄어들었고, 제한된 것으로 보이며, 매력을 잃은 것 같았다. "오, 모래상자가 이렇게 작나요?" 그녀는 이전의 인상으로 성공적으로 돌아가기를 바라면서 다시 눈을 감았다. 그런 다음 다시 눈을 뜨고 공간이 새롭게 축소되는 것을 확인했다. 그렇게 눈을 감았다 뜨기를 반복하는 동안, 모래상자의 드넓음을 손으로 탐험했다. 상반된 두 인상을 조화시키려 노력하고 있었다.

베키의 촉각적, 운동감각적 지각은 자원 지향적인 반면(탐험가능한 새로운 잠재 영역), 그녀의 시각적 감각은 모래상자를 일종의 제약으로 인식하는 것이 분명했다. 촉각이 앞서도록 하지 않았다면 모래에서의 창조 작업이 베키의 정신적 잠재력으로 즉각 연결될 수 있는 길을 늦게 열었을 것이다. 베키는 다른 방식으로는 모래상자의 "놀라운" 광활함을 볼 수 없었을 것이다. 진화적 의미에서는 시각적 지각보다 먼저 발달한 촉각적 지각이 그녀를 새로운 것을 창조할 수 있는 자기 조절적인 내면의 영역으로 이끌어간 것이다.

세션이 끝나갈 무렵 베키는 손과 팔, 상체에서 느꼈던 에너지가 이제 그녀의 머리로 퍼졌다고 설명했다. "마치 이 에너지가 내 주위, 심지어 내 위에 있는 것 같아요." 세션이 끝난 후 그녀는 환하게 웃으며 "새로운 사람이 된 것 같다"고 말했다.

베키는 자신의 촉각을 통해서 자신 안에 있는 이 정신 에너지의 원천에 성공적으로 접근한 후, 이 새로운 힘(에너지와 공간)을 일상 생활에서 원하는 대로 사용할 수 있는 방법에 대해 생각하기 시작했다. 이후 세션에서 그녀는 눈을 떴을 때 인식한 모래상자의 좁음이 자신이 오랫동안 벗어나려고 노력해 온 의식적인 태도 및 습관과 관련되어 있음을 설명했다. 나도 그녀의 활력, 환상, 창의성이 그녀의 높은 두려움과 요구적인 가족에 대한 죄책감으로 인해 억압되어 왔을 가능성을 인정해 주었다. 베키가 촉각으로 감지한 광대하고 무한한 공간은 그녀가 치료를 통해 탐색할 앞으로의 창조적인 삶을 나타낸다.

이 사례를 포함한 수많은 사례에서 확인할 수 있는 모래놀이가 도구로서 가지는 특별한 점은, 내담자가 자기에 대한 놀라움과 경이로움을 매우 이른 시기에, 강한 감정을 동반하여 발견한다는 것이다. 베키에게 그녀의 두 가지 모순된 삶의 방식이 서로 충돌하고 있다고 알려준 것은 상담사가 아니라 자신의 정신-신체 시스템이었다. 그녀는 이것이 자기에게 꾸준히 전달하는 일관성과 주장성에 감명을 받았다. 이것은 그녀에게 치료 과정에 대한 믿음을 넘어, 자신이 발견한 자율성과 창의성을 발휘할 수 있는 자기에 대한 믿음을 주었다.

다시 한번 강조하고 싶은 점은, 보호된 공간에서 자유로운 창의성을 통해 발휘되는 정신의 자기 조절력은 현재의 외적 또는 내적 갈등을 묘사할 뿐만 아니라(단순히 문제 지향적인 것이 아니라) 그 갈등을 해결하는 길도 함께 제시해준다는 것이다. 이는 휴면 상태일 뿐 이미 존재해 있었던 자원을 풀가동시켜줄 수 의식화 self-awareness라는 자극을 만나는 과정이다.

베키는 지금-여기에서 일어나는 정신의 자기 조절이 가진 타고난 경향을 자신의 몸과 마음을 통해서 경험했다. 그녀는 내면에서 발견되고 활성화된 에너지 덕분에, 중요한 발견을 언어화했을 뿐만 아니라, 행동으로도 구체화시켰다. 그녀는 자신의 삶의 상황을 바꾸기 위한 구체적인 조치를 신속하게 취해갔다. 그 후 몇 달 동안 베키는 자신의 부르주아적 배경이나 이에 젖은 습관과는 어울리지 않는 도시의 아파트를 마련하여 자신의 취향에 맞게 꾸몄다. 원가족과 결별했고, 사회적 관계가 바뀌었고, 더 이상 자신의 재능을 숨기지 않으면서 직장에서 더 많은 인정을 받았다. 그녀가 모래놀이에서 찾은 공간과 잉여 에너지는 그녀가 자이 장에서는 첫 번째 모래놀이 세션에서 내담자가 모래와 접촉하는 경험이 얼마나 개인적인지와 그들의 핵심 이슈가 얼마나 직접적으로 드러나는지를 설명할 것이다. 내담자의 핵심 이슈란 의식적인 통제에도 불구하고 반복적으로 나타나 그들의 삶에서 힘을 행사하는 일종의 라이트모티브(leitmotif;반복적으로 나타나는 주제, 중심주제)이며, 반복하는 경험과 행동의 지배적인 패턴이다. 다음 사례들에서 보게 될 상징적 표현의 형태들은, 영아기 중 아직 외부 세계와 내부 세계를 구분할 수 없다고 가정하는 생후 첫 몇 개월 동안 발달한 운동감각적 지각의 결과물이다. 이 시기는 우리의 회화적 상상 능력이 발달하기 이전이다. 의식이 이 시기의 정신의 영역에 접근하기란 꽤 까다롭기 때문에 과학자들조차 다니엘 스턴이 그의 저서 '아기의 일기Diary of a baby'

기의 실제 삶에서 주장하고 발전시킬 수 있는 구체적인 공간의 상징이 되었다. 베키는 이 변화를 겪으며 참여했던 여러 상담 세션에서 복부가 이완되고 호흡이 깊어지는 것을 경험했다. 이 기간 중에 그녀가 꾼 꿈 중 하나는 아버지의 차를 운전하는 꿈이었다, 앞좌석은 비운 채로, 뒷좌석에 앉아 핸들로 운전하고 있었기에 운전하기가 어려웠지만, 꿈을 꾸는 동안에는 상황의 부조리함을 인식하지 못했다. 그녀가 이 꿈을 상담 세션 동안 이야기하면서 일상 생활의 '뒷좌석에서' 결정을 내리면서 지치고 있는 상황의 위험성을 인식할 수 있었다.

하늘과 땅 사이

엘리스는 모래상자로 손을 뻗어 축축한 모래 속에 손을 파묻었다. 특별히 무엇을 하지 않아도 된다는 느낌을 편안하게 즐겼다. 잠시 후, 상당한 양의 모래를 위로 밀어내며 모래상자 하단에 자신을 위한 공간을 만들었다. 그리고 밀어낸 모래를 원래 자리로 가져왔고, 또다시 그것을 밀어내었다. 그러한 움직임을 몇 번 반복하면서 안도감과 즐거움을 느꼈다. "나 자신을 위한 공간이에요. 마침내 나 자신을 위한 공간을 만들고 있어요." 나중에 그녀에게 무엇을 느꼈는지 물어보자, "해방감이었어요!"라고 말했다. 여러 세션에 걸쳐 그녀는 자신을 위한 공간을 만드는 놀이를 반복했다. 이는 버겁고 싫었던 삶의 많은 의무에 대해 "아니오"라고 말하고 싶은, 새롭게 발견된 욕구와 일치했다. 그녀는 자신의 불안과 완벽주의 성향 때문에 자신이 주장하는 삶의 공간이 매우 적었음을 깨닫기 시작했다.

엘리스는 이민자의 딸이었다. 그녀의 부모는 평생 새로운 나라에 적응하기 위한 고통을 겪으며 가능한 눈에 띄지 않기 위해 노력했고, 의무감과 직업 윤리만 강조했다. 밀어내어 자신의 공간을 만드는 과정의 끝에 엘리스는 다음의 이미지를 만들고 매우 만족스러워했다(그림 4). 그녀는 이 이미지에 대해, 하늘과 땅 사이에 자신을 위한 공간을 만들고 있는 레오나르도 다빈치의 비트루비안 맨이라고 소개했다.

그림 4: 하늘과 땅 사이

양손 사이의 모순

조안은 눈을 감고 모래를 처음 만지는 순간 당황했다. 모래 위에 놓인 두 손의 느낌이 상당히 비대칭적이었기 때문이다. 오른손은 움직임에 대한 욕구가 넘쳐서 간신이 통제하고 있었지만, 왼손은 마른 잎사귀처럼 모래 속에 들어간 후 나오지를 못했다. 그 느낌이 너무 불쾌했던 조안은 다른 시도를 했다. 양손으로 모래를 약간 쥐고 모래시계처럼 가느다랗게 떨어뜨렸다. 이 행동을 반복하던 조안의 얼굴에는 또다시 불쾌한 기색이 스쳐 지나갔다. 양손에서 모래가 균일하게 떨어지지 않는 것을 한탄했다. 왼손에서는 모래가 제멋대로 너무 빨리 흘러내렸고, 오른손은 모래의 흐름을 제어할 수 있어 그녀가 원하는 대로 흐르게 할 수 있었다. 양손 아래에 형성된 두 개의 언덕은 심지어 완전히 다른 모습이었다. 오른손 아래 언덕은 살아있는 것처럼 보였지만, 왼손 아래의 언덕은 쓸모없거나 죽은 모래로 만들어진 것처럼 보였다. 비대칭이 다시 발생했다. 아무리 애를 써도 양손이 일치하지 않았고, 각기 다른 움직임과 이에 동반된 강렬하고 상충되는 감정이 계속되었다. 오른손은 모래가 너무 많이 흘러내리는 것을 두려워했고, 왼손은 자신의 사치를 즐기는 것 같았다.

조안은 이 해결 불가능해 보이는 갈등을 자신의 두 가지 모순된 습관과 연결하여 이해했다. 그녀는 자신에게 엄격할 때는 과도한 다이어트와 많은 일을 하였고 완벽하게 행동하려고 했다. 반면 방종할 때는 엄청난 양의 초콜릿을 먹고, 아침에 옷을 차려입지 않고 하루 종일 텔레비전만 보았다. 조안은 모래 상자 속 양손의 움직임을 여러 번 반복한 후, 갑자기 재미있는 영감을 받고 양팔을 뻗어 교차했다. "내가 얘네를 깜짝 속여야지!" 그녀는 신이 나서 외쳤다. "이제 될 거야!" 양팔을 교차시키자, 드디어 모래를 양쪽 고르게 떨어뜨릴 수 있었다. 그동안 마음이 찾지 못한 해결책을 손이 찾은 것이다. 흘러내리는 모래는 그녀의 정신적 에너지의 표현으로 내면과 외부 세계 사이, 주는 것과 받는 것 사이, 전능함과 무력함 사이에서 더 유용한 균형을 달성하려는 목적을 성취하고 있었다.

모래의 소리

봅스는 스케줄에 치여 긴장을 제대로 풀지 못하고 산지 오래된 심리학자 수련생으로 자신을 소개했다. 그녀는 첫 번째 모래놀이 세션에서 모래 속에 양손을 넣어 같은 방향으로 리듬감 있게 회전시켰다. 그리고 이어 반대 방향으로도 똑같이 회전시켰다. 그녀가 이 동작을 할 때, 상자 바닥과 모래 알갱이들 사이에 마찰이 일어나며 미세하게 쉭쉭거리는 효과음을 냈다. 그녀는 상자 가까이 귀를 기울이며 말했다. "바다 소리 같기도 하고, 바람 소리 같기도 해요. 몇 시간이고 들을 수 있을 만큼 기분이 좋아요. 소름까지 돋아요." 이번에는 손을 뒤집어 손등으로 모래 표면을 쓸면서 느껴지는 촉각에 집중했다. 이는 매우 친밀한 느낌을 자아냈고, 더 차분하고 진지하게 분위기가 익어갔다. 그러고는 손가락 끝으로 모래를 만져보더니 작은 알갱이들을 보여주며 '씨앗'이라고 불렀다. 이 작은 알갱이 중 하나를 손가락으로 잡고 그 아주 작은 세계를 탐험하려는 듯이 눈을 감았다. 상당히 섬세한 탐색이었다. "이렇게 작은 알갱이라도 자신만의 일관성이 있어요."라고 말하며 그녀는 씨앗을 상자 옆에 놓았다. 그러고는 아까처럼 양손을 리듬감 있게 회전시켰는데, 이번에는 정신없이 바빠질 때까지 가속화되었다. 나는 그때 마치 모래상자가 경계가 없어진, 보호막 없이 열려 노출된 용기 같다는 인상을 받아, 봅스를 감싸서 보호하고 싶은 충동이 드는 것을 가까스로 참았다. 그 모래상자의 모습은 그녀가 어린시절에 경험한 심리적인 취약점과 유사했다. 그녀는 조직적인 범죄를 통해 생계를 유지하는 가족 일가에서 성장했다. 특히 가족의 여자들은 경찰에 체포될 거라는 두려움을 늘 지닌 채 불법 활동을 해야 했고, 자존감을 키울 수 있는 다른 활동에는 참여하지 못했다. 세션이 끝날 무렵 봅스는 모래 알갱이들을 하나씩 골라 모래 상자 한가운데에 있는 작은 더미 위에 놓았다. "이들이 매우 작더라도 과소평가하면 안 돼요"라고 웃으며 말했다. 봅스는 만족해하며 세션을 마쳤고, 정신적인 면과 신체적인 면에서 평형을 찾은 자신의 역량에 놀랐다.

깊이의 부족 I

은퇴한 영업 판매원인 다니엘은 수십 년간 중독 문제를 앓아왔다. 처음 모래를 만졌을 때 그는 만질 수 있는 모래의 양이 너무 적다고 느꼈다. 모래는 그의 손가락이 조금만 파고들어도 바로 바닥에 닿을 만큼 얕은 것만 같았다. "나는 진실해지고 싶지만 두려워요. 내 안에 깊이가 없는 것을 들킬까 봐 두려워요. 그래서 술을 마시는 것 같아요." 중독 행동의 원인을 내 파트너 때문이라던가, 내 고용주 때문이라던가 등의 외부 상황으로 돌리는 것은 위험하다. 마찬가지로 내면 상태와의 인과 관계를 설정하는 것도 일정 부분 위험을 수반한다. 모든 중독 행동은 정신과 신체에 형성된 어떤 가속도 같은 것이 있기에, 추측하는 인과관계 조차 그 가속도의 유지와 관련한 것 뿐이라는 것을 완전히 인식해야 한다. 그러나 다니엘은 모래와의 접촉을 통해 중요한 실존적 질문에 직면했고, 이를 자신의 중독 문제와 연관 지을 수 있었다. 다니엘이 내적 자원을 형성하는 장면이 가시적으로는 없었지만, 그는 방어를 낮추고 내면의 문제에 직면하려는 의지를 보였다.

깊이의 부족 II

2년 동안 분석상담과 모래놀이를 함께한 마가렛과의 마지막 모래놀이 세션에서 그녀는 '깊이의 부족'을 느꼈다. 한 세션 전 우리는 이미 그동안 만들어 온 모래 이미지를 살펴보며 많은 감동을 받았다. 그녀는 자신이 만든 모래 이미지에서 드러난 활력과 창의성에 놀랐고, 종결로 예정된 세션에서 모래놀이를 한 번 더 하며 자신이 종결할 준비가 되었는지 확인하고 싶어 했다. 그러나 모래를 만지는 순간, 마가렛은 예상치 못한 발견을 했다. 모래의 양이 적게 느껴져 충분히 깊이 파낼 수 없었던 것이다. "손이 바로 바닥에 닿네요." 그녀는 처음 겪는 상황에 실망과 당혹스러움을 느끼며 말했다. "하지만 오늘은 정말 더 깊이 파고 싶어요." 그녀는 모래를 밀어 언덕을 만들고 가운데를 파보는 등 원하는 깊이를 만들기 위해 노력했다. 거듭된 좌절 끝에 마가렛은 만족스러운 해결책을 찾았다. 언덕 위에서 아래로 구멍을 만들고 그 안에 거울을 놓은 것이다. 위에서 내려다보면 마치 무한대의 깊이가 있는 것처럼 보였고, 바닥은 신비롭게 빛났다. 그녀는 깊이가 부족했던 곳에 깊이를 창조했고, 그 결과에 만족했다.

"하지만 나는 거기에 있었어요"

처음으로 모래를 만진 젊은 여성 아비게일의 첫 마디는 "모래가 너무 차가워!"였다. 비난의 어조가 약간 있었지만 손을 모래에서 떼지는 않았다. 약간의 정적이 흐른 후, 아비게일은 내게 재미있는 아이디어가 떠올랐다며 함께 해보고 싶다고 말했다. 그녀는 모래놀이에서 이런 행동이 허용되지 않음을 알고 있었고, 실제로도 일어나기를 바라지 않았기에 그런 제안을 했다는 사실에 스스로 놀랐다. 그리고 "하지만 난 혼자 놀고 싶지 않아!"라는 탄식이 터져 나오며, 강한 감정이 실린 어린 시절의 기억이 떠올랐다. 그 기억 속 그녀는 넓고 텅 빈 해변에 작은 삽과 양동이를 들고 혼자 앉아 있었다. 주변에는 어떤 어른도 없었다. 저 멀리 끝없는 회색 모래뿐이었고 다른 사람들도 없었다. 아비게일은 이 이야기를 하면서 울었다. 이 기억이 실제 어린 시절의 것인지, 감정 상태의 표현인지는 중요하지 않았다. 긴 침묵이 끝났을 때, 그녀의 손은 모래에 단단히 자리를 잡고 있었으며, 그녀는 외쳤다 "하지만 나는 거기에 있었어요. 이제 알아요. 아무도 없었지만 나는 존재했다는 것을요. 나는 거기에 있었어요!" 세션 초반, 그녀가 느낀 '차가운' 모래를 통해 이미 고발된, 방치 받은 고통스러운 기억과 감정을 직면하고 견디어 내자, 의식의 새로운 요소, 즉 자신의 자율적 존재성에 대한 인식이 강해졌다. 문제와 함께 가능한 해결책이 제시된 것이다. 이 과정에서 자원 중심의 심리적 처리가 작용했다. 아비게일의 핵심 주제는 어린 시절 돌봐주는 어른의 부재에서, 버림받았음에도 불구하고 아이 자체의 존재를 인정하는, 자기 존재의 발견으로 이동했다. 자신에 대한 이 새롭고 부드러운 시선, 즉 자기 내면의 긍정적인 어머니 원형의 발현이 모래놀이 세션의 처음 20분 동안 성공적으로 진행된 것이다. 아비게일은 이 경이로운 발견을 바탕으로, 이후 상담에서 자신이 지닌 의존성, 버림받음에 대한 두려움, 복종적이었던 과거의 관계 패턴을 구별해 냈고, 변화를 위한 새로운 시각을 얻어갔다.

악마의 존재

브리아나는 천식 발작과 우울한 기분으로 힘든 시간을 보내고 있었다. 그녀는 작가였지만, 정기적으로 자신의 창의성이 막히는 것을 경험했다. 그녀는 모래놀이의 도움을 받아 자신의 '더 깊은 문제'를 검토하기로 결심했다. 그녀는 첫 번째 세션에서 모래에 손을 뻗다가, 잠시 멈추고 숙고하더니 다음과 같이 말했다. "제 안에 있는 누군가가 이렇게 말하는 것 같아요. '너 진짜 이 짓을 하려고 하냐? 이미 불안정한 직업을 갖고 있는 주제에 이딴 것을 해서 뭐하게? 유치해! 삶이 좀 더 나아지길 원한다면, 더 쓸모 있는 일을 좀 하라고!'" 나는 그녀에게 그 목소리와 어울리는 인물을 아는지 물었다. 그녀는 자신이 추구했던 모든 것에 대해 지나치게 비판적이었고, 지금은 그녀의 계획 중 또 하나를 엉망으로 만들려고 시도하고 있는 사람, 아버지의 목소리라고 대답했다.

그런 내면의 목소리가 브리아나의 인생사에 대해 완전히 틀린 말은 한 것은 아닐 수도 있다고 생각했다. 그녀는 많은 활동을 시작했지만 끝까지 해내지 못했고, 직업적, 정서적 안정이 없이 자신을 과도하게 확장하는 일을 반복했다. 그녀에게 현실적 시각을 지닌 긍정적인 권위는 유용할 수 있지만, 지금처럼 파괴적인 형태로 나타난다면 통합되기 어려울뿐더러 해로울 것이다. 내면의 아버지 목소리가 그녀의 모래놀이를 방해하고 있었기 때문에 나는 브리아나에게 아버지의 목소리를 모래 위에 표현해 보는 것이 어떤지 제안했다. 이것은 구체적인 제안이었다. 나는 이런 구체적인 제안이 유용하지 않다고 생각하기 때문에 내가 그것을 발언했다는 사실 자체가 나에게 경고가 되어야 했다.

브리아나가 빠른 손놀림으로 축축한 모래 위에 만든 얼굴은 모래상자 한가운데 부조처럼 튀어나와 있었다. 입가는 침울했고 눈은 멍하니 응시하고 있었다. 그녀는 그 얼굴이 마음에 들지 않았는지, 귀신을 쫓아내듯, 얼굴 아래, 목이 시작되었을 만한 곳에 큰 X를 그었다. 나는 그녀의 천식을 생각했다. 그리고 아이들의 그림에서 이러한 행동(무언가에 X로 격렬하게 줄을 그음)은 외상 사건을 지우기 위한 절박한 시도임을 떠올렸다. 브리아나는 손가락으로 X자를 너무 깊게 그려서 모래상자의 파란 바닥이 보일 정도였다. X는 얼굴에 비해서 물리적 특성이 덜했기에 무력감과 절박함의 인상을 풍기기도 했다. 그렇지만 그녀는 그 목소리가 이제 그녀를 질책하는 것을 멈췄다고 말했다. 우리는 대화로 남은 세션을 계속했다.

다음 세션에서 브리아나는 마른 모래를 선택했고 피규어를 사용하고 싶지만 무엇을 만들어야 할지 모르겠다고 말했다. 약간의 고민 끝에 그녀는 자신을 두렵게 했던 꿈을 묘사하기로 결정했다. 꿈에서 한 여성(아메리카 원주민 인디

언 여자 피규어)이 남성(도끼를 들고 있는 남자 피규어)에게 위협을 받고 있었다.

원래 계획과 달리 외부 요인으로 인해 브리아나는 치료를 계속할 수 없었다. 이 종결이 부정적인 아버지 콤플렉스의 발현과 관련 있는지는 정확히 판단할 수 없다. 그러나 그녀의 모래 이미지 중 어느 것도 내부 자원의 활성화를 눈에 띄게 보여주지 않았다는 것은 확실히 생각해 볼 만하다. 당시에는 이해하지 못했지만, 모래놀이가 브리아나에게 적절한 도구가 아니었을 것이라고 추측하는 것이 안전할 것이다.

너무 부드러워요

40대 여성인 낸시는 역기능적인 원가족과 떨어져 독립된 삶을 꾸렸지만, 대인관계 갈등으로 직장생활에 어려움이 많았다. 그녀는 자신이 안개처럼 녹아내리거나 사라져 내리는 꿈을 자주 꾸었다. 낸시는 모래를 처음 만졌을 때 표면을 섬세하게 쓰다듬은 후 손을 얹고 말했다. "너무 부드러워요. 생각지도 못했어요. 어떻게 이렇게 부드러울 수 있나요?" 그런 다음 손가락들을 약간 구부려 둥그런 공간을 만들어, 다른 손 아래에 붙인 후, 모래 위에서 가라앉게 하면서, 공간이 모래로 채워졌다. 낸시의 표정은 만족스럽고 편안해졌다. "내 손 아래에서 모래 모양이 만들어지는 것이 좋아요. 나만의 모양이에요. 내가 만든 모양, 이 정확한 모양 위에서 내 손이 쉴 수 있다는 게 기적 같아요." 그녀는 경험하고 있는 것에 매료되어 잠시 동안 그대로 있었다.

  나는 그녀가 조금 불안해지는 것을 보고 이런 순간에 늘 하는 질문을 했다. "지금 당신의 손이 가장 하고 싶은 것은 무엇인가요?" "제 손들은 자기들 아래 공간이 항상 완전히 채워지기를 원해요. 빈 공간 없이, 완전히 꽉 차야 해요. 항상 지금처럼 견고한 무언가가 있기를 바라요"라고 대답했다. 그녀는 일련의 심호흡을 했고, 그녀도 그것을 알아차렸다. "손 아래에 단단함을 느끼자마자 호흡이 반응하네요. 내 손은 여기에 머무르고 싶어 해요." 그녀는 자신의 지각에 집중하며 계속 말했다. 긴 침묵 끝에 손이 모래 표면 위를 아주 가볍게 달리듯 쓸기 시작했다. 나는 그 제스처의 세심함에 매료되었다. 그녀는 분명히 새로운 것을 발견하는 과정에 있었다. "모래가 이렇게 부드럽다는 것을 믿을 수가 없어요. 저는 늘 긴장으로 너무 굳어있어요." 그녀의 눈에는 눈물이 흘렀다. "인생에 이렇게 부드러운 순간이 있다는 것을 몰랐어요! 지난 45년 동안 이런 것을 경험할 수 있다고 생각하지 못한 채로 이런 순간을 기다리며 살아온 것 같아요"고 말했다. 낸시는 자신의 단단한 내적 기반을 확인하면서, 긴장으로 굳어있는 마음과 몸(지나치게 강렬한 감정에서 그녀를 보호하고 있었던 굳은 근육)에 반응하였고, 다시 자신의 섬세함과 연결되면서 깊은 감동을 받았다. 마치 영혼의 고고학이 줄곧 그녀 안에 있었던 미지의 영역을 발견한 것 같았다. 견고함과 섬세함의 대비되는 역설적 경험은 대게 새로운 상징의 출현을 가져온다.

일주일 후에 진행된 두 번째 세션에서는 이전의 과정이 '놀이의 즐거움'이라는 새로운 요소로 확장되는 과정이었다. 낸시는 손이 모래에 닿자마자 상체와 등이 이완되는 것을 알아차렸다. 이전처럼 손 아래의 '견고함'을 확인하고 나서, "손은 이제 새로운 것을 원해요"라고 말했다. 손가락으로 모래를 약간 집어 올리더니 흐르며 떨어지게 했다. "참으로 근사해요! 저번에는 탄탄하고 꽉 찬 느낌이었는데, 어떻게 이렇게 변할 수 있을까요? 여전히 꽉 차 있지만, 가볍고 부드럽기도 해요. 모래를 가지고 놀고 싶어요. 모래는 끊임없이 변하네요. 내가 좋아하는 것을 할 수 있겠어요. 지금은 푸딩을 만들거나 반죽하는 것, 손등으로 두드리는 것을 해보고 싶어요. 모래는 다시 부드러워졌어요. 슬퍼요. 세상에 존재하는 모든 부드러움에는 커다란 슬픔이 있어요. 그러나 '모든 것은 다른 모든 것과 연결되어 있어요 (everything is connected with everything else)'." 그녀는 자신이 한 마지막 말에 놀랐다.

몇 달 뒤 이어진 세션에서 낸시는 우울해 보였다. 그녀는 마지못해 세션을 시작했고 모래놀이에 대해서도 다소 냉담하게 말했다. "오늘은 피곤해요. 힘이 하나도 없어요. 모래에서 발견해야 할 수 있는 게 또 있을지 모르겠어요." 낸시는 모래 위에 손을 얹지도 뻗지도 않았다. 처음에는 그녀가 슬픔에 압도당할까 봐 두려워서, 강한 감정적 관여를 피하려 한다고 생각했다. 그러나 곧 그녀의 자기 조절 self-regulation 능력을 크게 과소평가했다는 것을 깨달았다. 낸시는 손가락 사이로 모래를 조금 집어 올리며 말했다. "이 작은 알갱이들이 나를 진정시켜요." 그런 다음 이전의 경험을 확인하려는 듯, 아치형으로 구부린 손바닥으로 모래의 단단함을 느끼며, 공허함과 충만감에 대해 이야기했다. "내 손이 단단한 것을 가지고 있어요. 이 느낌이 좋아요. 나는 빈손으로 있지 않아요. 세션을 시작할 때처럼 피곤하지도 않고, 너무 차분해요. 내게 필요했던 것은 아주 작은 알갱이 하나였어요. 하나……" 그녀는 엄지와 집게 손가락 사이에 모래 알갱이 하나를 집고 잘 보이지 않는 그것을 한참 동안 바라보며 말했다. "모래 한 알만 있어도 난 혼자가 아니에요!" 그리고 웃었다. "가장 작은 것 하나로도 충분해요!" 나는 그녀가 외부의 존재를 처음으로 인식한다고 느꼈다. 어쩌면, 그 새로운 인식은 '타인'의 존재에 대한 최초의 경험이었고, 이를 통해 그녀의 내부와 외부 사이에는 새로운 교류를 위한 토대가 마련되었다. 낸시는 안도하고, 차분하고, 명랑하고, 감사한 마음으로 떠났다.

외로움으로부터 보호해 주는 백일몽

50세 여성 제니스는 모래의 표면을 어린아이의 피부를 대하듯 어여쁘게 쓰다듬기도 했고, 에로틱하게 쓰다듬기도 했다. 그러고는 간절한 어조로 말했다. "이렇게 만져졌으면…" 그 순간의 움직임은 에로틱했다. 그녀는 이혼했으며, 두 자녀가 있는 유능하고 성공한 학자였고, 유부남 연인과 만족스럽지 못한 관계를 갖고 있었다. 그녀는 그 남자를 정리할 수도, 그가 자신과의 관계에 더 많은 시간을 할애하도록 바꿀 수도 없었다. 그러면서 그가 자신에게는 남은 빵 부스러기 정도만 준다고 느끼고 있었다.

제니스는 가사 도우미가 있는 큰 집에서 자랐지만, 거의 항상 혼자였다. 나는 그녀가 연인에게 어머니의 기능을 투사하고 있다고 느꼈다. 양육자와의 일차적 관계가 결핍된 여성들에서 흔한 현상이다. 그 남자는 제니스와의 관계를 유지하기 위해 필요한 최소한의 노력만 하고 있었고, 그녀는 그가 언젠가는 바뀔 것이라는 영구적이며 반의식적인 기대 속에서 살고 있었다. 결과는 끊임없는 실망이었다. 일차적 관계가 연인과의 관계에 투사되고 있다는 명확한 증거는, 그녀의 일상, 사실은 그녀의 삶 전체가 그에게 공유될 때만 의미 있게 느껴졌다는 것이다. 그에게 연락할 수 있을 때만 태양이 그녀를 비추어 주었다. 우리는 자주 이러한 역동에 대해 이야기했다. 그녀는 점차 자신의 필요에 주의를 기울이는 법, 자녀에게 수동적이기보다는 허용적으로 대하는 법, 지적인 능력을 더 잘 드러내는 법을 배웠다.

앞에서 설명했듯이 첫 번째 모래놀이 세션에서 그녀는 모래를 감각적인 방식으로 매만지고 있었다. 이 동작은 매우 매혹적인 몰입과 중요한 침묵을 만들어 내었다. 잠시 후 나는 같은 동작이 기계적인 느낌을 띠기 시작하고, 얼굴 표정도 사라진 것을 발견했다. 나는 조심스럽게 그녀에게 지금 기분이 어떠냐고 물었고, 그녀는 잠시 동안 생각이 완전히 다른 곳에 있었다고 대답했다. 그녀는 방금 '그 사람'에 대해 생각하고 있었고, 그가 다음 주에 그녀를 보러 오면 어떨지 궁금해하고 있었다고 말했다. 제니스는 백일몽에 빠져 있었고, 그러한 그녀의 움직임은 모래 위에서 즉시 나타났다. 나는 그녀를 '지금-여기'로 다시 초대하기 위해 그녀의 손이 다음에 무엇을 하길 원하는지 물어보았다. 그녀는 다시 모래를 쓰다듬으며 전처럼 감각적인 움직임을 보였지만 기계적인 느낌과 무표정으로 돌아가는 일이 다시 나타났다. 다시 백일몽으로 빠져들었다. "단 한 번만이라도 온전히 우리 둘만의 밤을 보내면 어떨까 상상해 봤어요" 현실에서 그녀의 연인은 이 소원을 조금도 공유하지 않았다. 오후의 몇 시간이 그가 원하는 전부였다. 이러한 백일몽은 방치된 아이들이 경험하는 자신이 공주이거나 부유한 부모가 있다는 공상과 유사해 보인다. 이것은 생명 에너지를 고갈시킨다. 나는 다시 한번 제니스가 손의 소원에 집중할 수 있도록 도와주려고 노력했지만, 무뚝뚝하고 퉁명스러운 대답을 들었다. "더 이상 어루만지고 싶지 않아요. 어루만져지기를 원해요!"

그때 나는 그녀의 강박적인 환상이 어떤 기능을 하는지 깨달았다. 어루만져지고 싶은 욕구가 일어나지만 채워지지 않을 때마다 이러한 해리 상태가 시작되었다. 이때, 제니스의 정신은 몸에서 완전히 존재하지 않게 되었다. 자신의 진정한 욕구가 실현되지 않는 것을 보는 것은 너무나 고통스럽다. 그래서 이상적인 백일몽은 그녀가 진짜 욕망을 인식하지 못하도록 성공적으로 막아온 것이다. 한 번의 좌절은 피할 수 있었지만, 신경증적인 악순환이 만들어졌다. 세션은 계속되었다. 그녀의 손은 모래 위에 놓여 있었고, 그녀의 얼굴에는 커다란 비난의 표정이 있었다. 손가락 끝이 모래에 파묻혀 마치 손가락 끝이 잘린 것처럼 보였다. 나는 그 장면이 그녀의 삶에 대한 물리적 은유로 느껴져 많이 놀랐다. 제니스는 삶에서 스스로 좋은 것을 잡을 수 없는 불구 같았다. "당신의 손은 어루만져지기를 원하지만, 스스로 어루만지지는 않네요." 나는 절단된 느낌의 손가락에 연민을 느끼며 말했다. 내가 그 순간에 떠올릴 수 있는 것은 그것뿐이었다. 그런 다음 나는 그녀가 두 손을 가지고 있고, 한 손이 다른 손을 아주 잘 어루만져 줄 수 있다고 생각했다. 나는 "지금 손은 어떤가요?"라고 물었다. 그녀는 "어루만져지고 싶어요."라고 재빨리 대답했다. 제니스는 충족되지 않은 핵심 욕구를 인정할 용기가 생겼지만, 유아기적 기대감에 사로잡힌 상태였다. 마치 누군가 자신을 도와주러 올 때까지 기다려야하는 어린아이 같았다. 이러한 관계의 공백 상태에서 자란 아이는 외로움을 느낄 때 스스로에게 말을 걸 수 있는 반영 기능도 제대로 발달하지 못한다. 제니스는 자신의 내면에 "오늘 그가 연락하지 않아도 괜찮아. 그냥 침대에 누워서 편히 쉬자."라고 말할 수 없었다. 이러한 내면의 대화를 시작하려면 잠재적인 대화 공간이 정신에 존재해야 한다. 그런데 이 공간은 과거에 충분히 상호 작용하는 일차 관계 대상이 성공적으로 내사된 경우에만 창조된다.

제니스에게 이 경험은 일어나지 않았고, 구세주인 '타자'가 외부로 투사되고 있었다. 그녀의 어머니는 평생 심각한 전쟁 트라우마로 고통받았다. 어린 시절의 대체할 수도 접근할 수 없는 어머니라는 인물이 그녀를 말할 수 없는 외로움에서 구해내지 못했던 것처럼, 함께할 수 없는 그는 그녀를 외로움으로부터 해방시켜 줄 수 없었다.

나는 제니스가 신체적으로도 경험하는 결핍된 일차 관계의 돌봄 기능이 상징적 수준에서 보완되어 갈지 궁금했다. 모래놀이 세션에서 한 동안은 그 정반대의 상황이 벌어졌다. 해결할 수 없는 문제들이 반복되어 다시 트라우마를 경험할 것만 같았다. 나는 다소 무력하게 '제 3자'에 의지하는 심정으로, 무의식적으로 "모래가 도울 수 있을까요?"라고 물었다. 갑자기 한 손이 모래 속으로 깊숙이 들어가고 다른 한 손은 모래 표면을 덮었다. 그녀는 만족스러워 보였다. 그녀의 두 손이 서로를 찾은 것이다. 그녀는 "이제 두 손이 서로 닿았어요."라고 말했다. "아래쪽 손은 위쪽 손의 편안한 정도의 무게를 뚜렷하게 느끼고 있어요. 그리고 위쪽 손은 그 아래에서 단단한 무언가를 느끼고 있어요." 신체적 접촉의 첫 경험이었다. 처음으로 한 손에서 다른 손으로 내면의 대화가 가능해졌다. "내가 당신을 보호하고, 당신은 나를 보호할 것이에요. 당신은 나를 보호할 것이고, 나는 당신을 보호할 것이에요." 제니스는 편안함을 느꼈다. 내면의 대화라는 새로운 국면이 단순히 표현된 것이 아니라 '경험'되었다. 그 남성과의 관계는 그대로 유지되었지만, 치료가 진행되면서, 그녀는 자기 삶에서 점점 더 높은 수준의 자율성을 주장해 갔다. 그에게 선물을 주기보다는 자신을 위해 돈을 조금 더 쓰기 시작했고, 사회생활의 폭을 넓혔으며, 전반적으로 기분이 좋아지기 시작했다. 그녀의 친구들은 그녀가 번창한다고 말했다.

제한을 넘어서

게리는 4세까지 심한 신체적, 정서적 학대를 받았고, 그 후 보육원에서 지내다가 9살에 국제 입양되었다. 내가 게리를 처음 본 것은 그가 새로운 나라에 도착한 지 3개월 후였다. 첫 번째 세션에서 그의 놀이 활동은 두 살짜리 아이 같았다. 손이 쉽게 닿을 수 있는 낮은 키의 선반 앞 바닥에 앉았다. 선반에는 여러 종류의 자동차가 일렬로 놓여 있었는데, 그것들을 하나씩 손에 들고 모든 각도에서 살펴본 다음 떨어뜨렸다. 그는 양부모와 함께 산책을 갈 때면 갑자기 도망가서 돌아오지 않는다고 한다. 돌아오려고 하지도 않았고 돌아오는 길을 잊어버리기도 하는 것 같았다. 양부모는 당연히 걱정할 수 밖에 없었다. 첫 번째 세션에서 그는 두 개의 모래상자를 발견하고는, 앞으로 몇 주 동안 반복하게 될 게임을 발견했다. 두 개의 모래상자를 서로 가깝게 밀어 놓고, 자동차가 하나의 모래상자에서 운전을 시작하도록 했다. 그런 다음 자동차는 두 번째 모래상자로 점프하여 착지했다. 게리는 조금씩 두 모래상자 사이의 거리를 늘렸다. 공중을 뛰어넘는 점프는 자동차에 더 위험해졌고, 주행시간은 길어졌으며, 결과는 불확실해졌다. 때때로 자동차는 두 모래상자 사이의 깊은 곳으로 떨어졌다. 나는 이것을 그가 출신 세계에서 새로운 현실에 착륙하기 위한 자신의 노력과 어려움을 점점 더 인식해 가고 있는 것을 표현하는 것이라고 이해했다. 그가 매우 분명하게 묘사한 위험은 자신의 발밑에 단단한 땅을 찾을 수 없는 전환기였다. 나는 그가 열아홉 살이 될 때까지 상담했다.

그가 처음으로 마른 모래만 사용했던 청소년기의 한 세션을 설명하고자 한다. 사진(그림 5)에서 볼 수 있듯이, 그는 많은 양의 모래를 쌓아 모래상자의 나무 틀에 닿을 정도의 산을 만들었다. 그는 무한한 인내심과 섬세함으로 이것을 해냈다. 문제는 점점 커지는 산에서 점점 더 많은 모래가 흐르도록 하는 동시에 모래상자 밖으로 모래가 떨어지지 않도록 하는 것이었다. 이것은 모래놀이의 몇 안 되는 규칙 중 하나였기 때문에 당연한 것이었다. 그는 몇 번이고 나를 쳐다보며 "봤죠? 조금 더 추가할 수 있어요. 모래상자에서 모래가 떨어지지 않도록 얼마나 조심하고 있는지, 그리고 얼마나 잘 해내고 있는지 보이시죠? 그런데도 여전히 일부가 떨어진다면 내가 의도한 것이 아니라 그냥 일어난 일이에요..." 그는 허용되는 것과 경계를 넘으려는 충동 사이에서 균형을 찾는 데 온 힘을 쏟았다. 당연히 그의 노력에도 불구하고 세션이 끝난 후 오랫동안 진공청소기를 사용해야 했다. 그는 곧 범법적인 행동에 대한 새로운 욕망과 제한에 대한 탐색을 실행에 옮겼다.

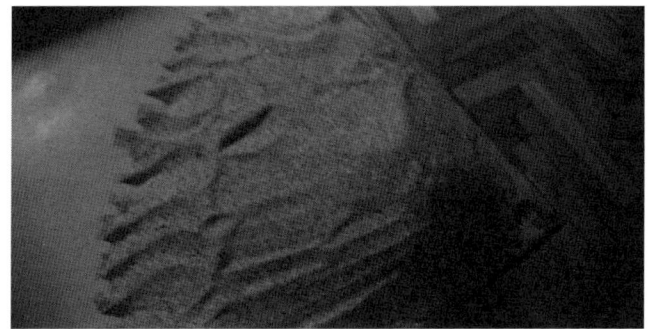

그림 5: 경계 확장

나는 그의 양부모에게 너무 걱정할 필요는 없지만, 사춘기 아들의 모든 종류의 행동에 대비해야 한다고 경고했다. 일주일이 채 지나지 않아 부모는 저녁에 집에 돌아오지 않은 게리가 술과 대마초를 과다하게 사용한 후, 버스 정류장 바닥에 웅크리고 있는 것을 발견했다. 그의 '친구들'은 그가 더 이상 똑바로 서 있을 수 없을 때 그를 거기에 두고 떠난 것이다.

이 전환기의 또 다른 세션에서, 게리가 모래와 물만 사용하여 그리는 것을 관찰하는 것이 흥미로웠다. 마치 사람이 어떤 길을 갈 수 있고, 어디로 갈 수 있는지 나에게 은유적으로 보여주듯, 마른 모래에 길, 도로, 풍경을 그렸다. 또 다른 세션에서 그는 매우 젖은 모래를 손에 쥐고 꽤 높은 곳에서 모래상자로 떨어뜨렸다. 그것은 "펑, 펑"하는 소리가 났고, 우리 둘 다 그 소리를 변기에 대변이 떨어지는 소리와 연관시켰다. 게리는 장난스럽게 웃으며 "제가 잘못한 게 아니에요. 원래 그런 소리가 나는 거예요!"라고 말했다. 나는 두 살짜리 아이가 "내가 만든 소리야! 내가 만든 거야!"라고 기쁘고 자랑스럽게 말하는 모습이 연상되었다. 이와 같은 퇴행적인 치유의 순간은 과거에 놓친 기회를 보완하는 발달 과정의 일부로 모래놀이에서 자발적으로 발생한다. 모래놀이를 통한 심각한 트라우마에 대한 이러한 자발적인 정신의 처리는 초기 신체 지각과 그와 관련한 감정에 대해 일어난다. 일반적으로 인지 발달 결함도 수반되기 때문에 추가적인 교육적 지원이 필요한 경우도 있다. 게리의 경우 포이어스타인Feuerstein 방법이 도움이 된 것으로 나타났다.

에로스

40대 뮤지션인 마테오는 처음 모래 표면을 만지는 순간부터 에로틱한 느낌을 받았다. "모래를 압축하는 게 좋아요. 모래가 모여서 어떤 형태를 만들어 내는지 느낄 수 있죠. 만들어진 것을 쓰다듬는 것은 마치 여성의 여러 신체 부위를 만지는 느낌이에요. 여성의 가슴이나 배와 같은 것을 만들 수 있다는 점이 마음에 들어요." 여기에서 마테오는 상황을 통제할 수 있었고 능동적인 역할을 즐길 수 있었다. 반면에 파트너와의 관계에서는 정반대의 상황이 일어나고 있었다. 그들은 전반적으로 좋은 관계를 유지하고 있었지만, 성생활에서 그에게 기대되는 적극적인 역할은 수행을 저해하는 부담감을 주었다. 한편 모래에서 에로티시즘을 음미하는 것은 그에게 진정과 활력을 주는 효과가 있었다. 그는 "어떤 목표나 목적 없이 그저 움직임 자체의 순수한 즐거움을 위해 이러한 동작을 하는 것이 너무 좋아요!"라고 말했다.

변수가 무엇이었을까?

화려한 경력의 60대 과학자 윌리엄은 학회 강연을 위해 매주 대륙 간 비행기를 타는 데는 조금도 문제가 없었다. 그러나 성공적인 경력과 실패하는 대인관계, 특히 여성과의 관계 사이의 불일치에 얽혀 있는 자신을 발견했다. 그는 자신에 대해 "대인관계에 있어 감수성이 부족한 것 같아요. 저는 민감하질 못해요. 불도저에 가까워요."라고 말했다. 세션 중에 나는 거의 한 마디도 할 수 없었기 때문에, 그에게 다른 사람들이 말할 때 지루해하는 것은 아닌지 물었다. 예상보다 빨리 대답이 돌아왔다. "네, 맞아요! 지루해서 죽을 지경이에요!" 지식에 대한 갈증과 개척 정신은 갖고 있었지만, 경청하는 것이 그의 강점은 아니었다. 나는 감성을 발견하기 위한 활동으로 모래상자를 활용해 보자고 제안했다. 첫 번째로는 모래 위에 손을 얹고 그 접촉이 어떻게 느껴지는지 듣고 집중하라고 권유했다. 두 번 말할 필요가 없이, 그는 순식간에 눈을 감고 모래상자에 손을 얹고 앉아 있었다. 그가 실제로 내 지시를 들었는지 확신할 수 없었지만 끼어들지 않았다. 잠시 후 그는 모래가 차갑게 느껴진다고 말했다. 나는 그에게 그 지각에 머무르면서 그의 손이 특별히 원하는 것이 있는지 들어보라고 권유했다. 윌리엄은 손을 조금도 움직이지 않았고, 그의 얼굴과 자세도 극도의 집중력을 보여주었다. 잠시 후 그가 눈을 떴을 때 기분이 어땠는지 물었다. 그는 "처음에는 모래가 차가웠는데, 변했어요. 사람의 몸 같은 것을 느꼈어요. 손 밑에 살아있는 사람의 몸과 피부가 있는 것 같았어요." 윌리엄은 감동한 듯 보였지만, 자신의 내면에서 일어난 이 짧은 사건에 당황한 기색도 보였다. 그는 "그렇다면 변수는 무엇이었을까?"라고 스스로에게 물었다. 그는 '차가움'이라는 인식이 '살아있는 몸'이라는 인식으로 바뀌게 된 결정적인 요인이 무엇인지 찾고 있었다. 결론적으로 우리는 경청, 침묵, 특별히 원하는 것이 없는 것, 적어도 이 세 가지 변수가 있었다는 데 동의했다.

친밀함과 거리

다음 세 가지 일련의 모래 이미지를 통해 모래 작업이 특정 상황에 대한 비분석 세션에 어떻게 통합될 수 있는지 보여주려고 한다. 모래놀이 매체를 배우고 싶었던 심리학자 수련생 다이애나는 자신이 먼저 경험해 보기로 했다. 나는 그녀의 현재 상황에서 이슈 하나를 선택하여 4개의 세션을 할애해 보자고 제안했다. 우리는 처음부터 구체적인 초점을 설정했다. 세션의 1부는 대화로 2부는 모래놀이 구성했다. 몇 가지 피규어를 제공했지만, 다이애나는 마른 모래만 사용했다. 그녀는 이 세션을 통해 당시 골칫거리였던 파트너와 상황을 해결하고 싶었다. 한편으로 그녀는 그와 같이 살고 싶었지만, 다른 한편으로는 자유와 독립성을 잃고, 그의 습관에 너무 많이 적응할 위험에 대해 걱정했다. 우리는 이러한 우려에 대해 이야기했고, 각 세션의 마지막 1/3 동안 모래에서 작업하기도 했다. 다이애나는 세 세션 모두 비슷하게 모래를 만졌지만, 결과는 매번 달랐다. 모래에 만든 흔적은 자신과 나누고 있는 비언어적이고 신체적인 대화를 조명해 주었고, 이를 통해 자신의 딜레마에 대한 새로운 차원의 명료성을 갖게 되었다. 모래를 만지는 작업은 자체 추진력을 가지고 의식과 무의식을 하나로 통합하여, 정신에 조절 효과를 가져오는 운동감각적인 내러티브에 비유될 수 있다.

그림 6은 양손이 위에서 아래로 움직인 흔적을 보여준다. 다이애나의 즉흥적인 언급에 따르면, 두 손은 서로 매우 가까이 다가서지만 절대 만져서는 안된다. 그녀는 이 흔적을 만드는 동안 매우 면밀히 주시했고, 원하는 대로 결과가 나와서 기뻤다. 양손은 각각 사용 가능한 공간의 절반만 사용했음을 알 수 있다. 오른손은 오른쪽에, 왼손은 왼쪽에 각각 자신의 영역에 머물러 있었다. 다이애나는 세션이 끝날 때 안도했다. 우리는 그녀의 모래 이미지와 세션 초반에 광범위하게 이야기했던 관계의 친밀함과 거리에 대한 주제를

연결 짓지 않았다. 그렇게 했다면 그녀의 후속 모래놀이는 영향을 받아, 같은 자발성으로 전개되지 않았을 수도 있다. 예를 들어, 두 번째 세션 이후 다이애나는 자신의 움직임이 첫 번째 세션과 완전히 달라졌다는 것을 인식하지 못했다. 그러나 그림 7을 보면 쉽게 알 수 있다. 선들이 한 데 모이고, 얽히고, 결합하고, 섞였다. 그녀의 손은 서로 교차하며 각각 고유한 방식으로 사용가능한 전체 공간을 탐색했다.

그림 6: 친밀함과 거리 - 세션 1

그림 7: 친밀함과 거리 - 세션 2

세 번째 세션에서 다이애나의 움직임은 이전 세션과 똑같았지만, 운동감각적 내러티브가 한 단계 더 발전했다. 선이 다시 전체 영역을 가로지르지만, 이번에는 평행으로 흘렀다. 그녀의 손은 모든 방향으로 자유롭게 움직였지만, 교차하거나 합쳐지지 않았고, 그렇다고 접촉을 피하지도 않았다. 두 개의 힘이 협력하는 듯한 인상을 주었고, 조화로운 느낌을 전달했다. 이러한 결합 에너지가 다이애나의 기능적인 관계에 대한 은유인지, 아니면 그녀 자신의 모순적인 에너지가 통합되어 최종 이미지로 나타난 것인지는 중요하지 않다. 이중 하나의 가정이 다른 가정을 배제하지 않는다. 여기에서 우리는 물질과 정신은 함께 작동하며, 영혼과 신체는 같은 언어를 사용한다는 가정을 떠올릴 수 있다. '안에서와 같이 밖에서도, 위에서와 같이 아래에서도' 말이다.

그림 8: 친밀함과 거리 - 세션 3

변형

때때로 내담자는 모래 이미지를 만드는 동안이나 완성하고 나서 즉시 모래 이미지의 개별 요소를 인지적으로 이해하려고 시도한다. 그리고 상담사가 가능한 의미로 해석하는 데 도움을 주기를 기대한다. 그러나 이런 태도는 그 순간에 바로 이해되지 않고, 의식적인 형태로 발전하기 위해 더 많은 시간과 연관된 관점들을 거쳐야 하는 이미지의 경우, 그 상징적 의미를 놓칠 수 있는 위험이 있다. 은유적 수준에 머무르는 해석도 나름의 효과는 있지만, 살아있는 상징에 내재된 혁명적 효과에는 미치지 못한다. 따라서 상담사는 특정 범주로 이미지를 분류하려는 성급한 욕구로부터 내담자를 보호해야 한다. 그렇지 않으면 상담사와 내담자에게 강한 감정을 불러일으키는 상징은 변형의 완전한 효과를 발휘하지 못할 수도 있다.

나는 이제 집단으로 진행한 두 번의 모래놀이 세션에 대한 짧은 예를 통해 모래놀이가 치료적 효과 외에도 심오한 실존적인 효과가 있음을 보여주려고 한다. 나는 예비 표현 모래작업 상담사들을 위한 집단 프로그램을 개발했다. 이 프로그램은 심리상담사 수련생을 위한 훈련 프로그램으로 유용한 것으로 입증되었고, 어느 정도의 준비와 특정한 제한들을 갖춘 후 관심 있는 모든 이들에게 제공될 수 있었다. 각 집단은 8명에서 최대 12명의 참가자로 구성되며, 이틀 동안 일대일 짝을 이루어 작업한다. 한 세션은 보통 한 시간이며, 한 명이 모래놀이를 수행하는 역할을 하는 동안 다른 한 명은 조용히 공감적으로 관찰하는 역할을 한다. 다음 세션에서는 두 사람의 역할이 바뀐다. 그리고 나서 집단으로 모여 구두로 자신의 경험을 이야기한다. 참가자는 원하는 만큼 광범위하고 자세하게 이야기할 수 있고, 원하지 않을 경우에는 이야기하지 않아도 된다. 참가자 수가 홀수인 경우 강사 중 한 명이 짝으로 참여하여 모든 참가자가 짝을 가질 수 있게 한다. 다음의 예는 내가 이렇게 짝으로 참여한 세션이었다.

　나와 짝을 이룬 레이첼은 심리치료를 받은 경험이 있는 명랑하고 호기심 많은 수련생이었다. 그녀는 이 세션에서 매우 개인적인 경험이 일어날 가능성에도 기꺼이 열려있었다. 그녀의 높은 정서적 참여도는 초반부터 명백하게 표현 방식에서 드러났고, 나의 신체적 정서적 상태도 이에 반응하고 있었다. 그녀는 집, 울타리, 나무를 선택하면서, 자신을 보호해 줄 수 있는 울타리와 경계를 세우는 것이 중요하다는 것을 알 수 있었다. 그녀는 그 울타리와 경계들의 제한이 지나치게 강하거나 약하지 않게 심혈을 기울이며 계속 위치를 바꾸었다. 무겁고 불길한 분위기가 있었지만, 아직 구체적인 무언가가 드러나지는 않았다. 많은 숙고와 시도, 망설임 끝에 세션이 끝날 무렵, 상자 한쪽 구석에 위협적인 인물이 배치되며 전체 장면에 이야기적 맥락이 부여되었다. 기쁨, 두려움, 혐오, 긴장, 분노 사이를 오가던 나의 강렬한 역전이 반응은 성취감으로 대체되었다. 세션이 끝나기 전,

레이첼은 자신의 인생 이야기를 요약했다. 그녀의 아동기 트라우마는 수십 년 동안 많은 영향을 끼쳤지만, 상당한 노력으로 이를 다루어 왔다. 그리고 오늘날 삶에 대한 감사와 만족감을 경험하고 있었다.

다음 날에 진행된 두 번째 세션에서 레이첼은 어떤 소품도 가져오지 않고, 오랫동안 모래 상자 앞에 가만히 앉아 있었다. 무엇을 하고 싶은지 모른 게 분명했다. 그저 기대감으로 마른 모래에 이런저런 자국 몇 개를 남기고 있는 모습이 마치 '이제 뭘 해야 하죠? 어제 세션에서 이미 내 삶의 이야기를 했고, 만족스러웠는데요.'라고 말하고 있는 것 같았다. 얼마 지나지 않아 레이첼은 모래에 직사각형을 그리고, 그 안의 모래를 제거하기 시작했다. 나는 처음에 기대와 호기심을 느꼈지만, 점차 불안해졌고 돌연 두려운 확신이 들었다. 레이첼은 자신의 무덤을 파고 있다는 것이었다. 그녀는 직사각형의 가장자리를 조심스럽고도 참을성 있게 세워나갔다. 마른 모래가 위에서 계속 흘러 내려와서, 여러 차례 다시 꼼꼼하게 세웠다.

내적 갈등을 뚜렷하게 표현했던 이전 세션과 달리, 그녀의 움직임에는 결단력과 명상적인 고요함이 있었으며, 이에 대해 나의 몸과 정신은 두려움과 흥분, 떨림으로 반응하고 있었다. "자신의 무덤을 만든다고? 이 얼마나 굉장한 용기인가!"라는 생각으로 숨쉬기도 벅찼다. 반면, 이것은 내 상상이며 실제로는 완전히 다른 것(예를 들면, 집의 기초)을 만들고 있을지도 모른다고 생각했다. 그러나 이 생각은 오래 가지 못했고 그녀의 무덤이라는 것이 명확하게 드러나고 있었다. 나는 그녀가 그 안에 무엇인가를 넣을까 봐 두려워하고 있었지만 아무 일도 일어나지 않았다. 직사각형은 모래상자 중앙에서 약간 좌하단에 위치하여 의미를 더욱 강하게 전달하고 있었다. 30분이 지나도록 그녀는 가만히 아무것도 하지 않고 앉아서 이 이미지를 바라보고 있었다. 그런 다음 일어서더니 소품 선반으로 걸어가 작고 하얀 비둘기들을 가져왔다. 그 비둘기는 내 개인 소장용이었던 것으로 특별히 아끼는 것이었다. 콜롬비아에서 무력 분쟁으로 가족을 잃은 어린이들과 일할 때 상당수를 수집했다. 이 비둘기를 팔레스타인, 우크라이나, 쿠알라룸푸르, 독일로 가져가며 모래놀이 세션에서 활용하고 있었다.

내 생각이 배회하는 동안, 레이첼은 직사각형의 좌측상단 모서리로부터 모래상자 우측상단으로 가는 대각선 방향으로 열 개의 비둘기를 놓았다.(그림9) 마치 새들이 날아오르며 땅의 구멍을 떠나고 있는 것 같았다. 다소 겸손한 모래상자의 삼차원적 세계에서 이 비둘기들을 머리 위에 펼쳐진 끝없는 하늘로 확장시키는 효과가 있었다. 이 이미지를 한참 동안 바라보던 레이첼은 나를 올려다보며 "이게 뭔지 아세요?"라고 물었다. 나는 고개를 끄덕였다. 그녀는 "무덤은 비어 있고 비둘기들이 날아갔어요."라고 설명하고는 요한복음 8장 32절의 성경 구절을 인용하여 말했다. "진리를 알지니 진리가 너희를 자유케 하리라."

몇 달 후 우리가 그 이미지에 대해 다시 이야기하러 만났을 때 그녀는 그 구멍을 욕조로 인식했으며, 칼 융의 연금술에 대한 논문인 '철학자의 묵주Rosarium Philosophorum6'에 대한 설명을 연상했다고 말했다. 비둘기는 하늘을 향하는 움직임을 표현하기 때문에, 그녀에게 있어 많은 비둘기를 추가하는 것이 중요했다.

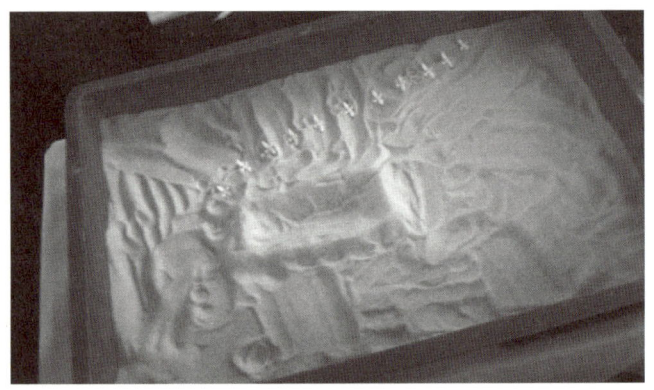

그림 9: 빈 무덤

치료적 동작

상하이의 한 정신병원은 자폐증이 있는 아동을 치료하기 위해 개인상담과 집단상담에서 모래놀이치료를 활용하고 있었다. 여기에서 나는 수퍼비전을 제공하며 한 상담사와

---

6   옮긴이 주. 20개의 삽화가 포함된 것으로 1550년 출판됨. 연금술사가 추구하는 깨달음의 상태, '철학자의 돌'을 얻기 위해 거쳐야 하는 영적 여정으로 연금술사를 이끌어가는 삽화임. 날아가는 비둘기는 반대 세력을 하나로 묶는 영적 힘을 나타냄.

공격적인 행동을 하는 아이의 사례를 의논했다. 그녀는 모래를 계속 의도적으로 상자 밖으로 던지는 아이에게 어떻게 해야 하는지 질문했다. 이런 경우 정답은 없었기에, 나는 그저 상황을 더 잘 이해해 보고자, 그녀에게 어떻게 반응했는지 물었다. 경험이 많고 친절한 이 상담사는 나에게 양손을 벌려서 모래를 쥐는 동작을 보여주며 말했다. "저는 이렇게 모래를 쥐고 모래상자로 다시 던졌어요." 아이는 이를 보더니 잠깐 멈추었다고 한다. 그리고 이때 아이가 처음으로 상담사와 눈을 마주쳤다. 치료적으로 매우 중요한 순간이었다. 아이는 자신이 한 행동에 대해서 즉시 적절한 대응을 받았다. 아이는 넘쳐흐르는 감정을 넘쳐흐르던 모래처럼 매우 친근한 방식으로 느꼈을 것이다. 상담사의 동작은 아이를 놀랍게 했고, 현실 인지 감각으로 한 발 더 가까이 가게 해주었다.

차가움

"오, 모래가 너무 차가워요! 이럴 줄은 몰랐어요. 상담실이 따뜻해서 모래도 따뜻할 거라고 생각했는데, 차갑고 딱딱해요." 크리스티나는 모래에 대한 이 발견에 놀라며 손바닥을 모래에서 떼어 올리고, 검지 손가락 끝으로 몇 줄을 그었다. 그날은 무더운 여름날이었고 모래는 완전히 말랐기에, 객관적으로 차갑지는 않았을 것이다. 그 깜짝 놀랄 정도의 차가운 감각은 크리스티나의 생애에 일어난 사건과 깊은 연관이 있었을 것이지만,이를 언급하지 않았다. 그녀가 그리기 시작한 선들이 형태를 갖추기 시작했다. 두 개의 대칭하는 타원 안에 아름다운 장식이 있었고, 그녀는 이를 나비라고 불렀다. 그런데 자세히 들여다보니 나비의 한쪽 날개가 깨져 있었고, 날개에 있는 작은 장식은 작은 구멍처럼 보였다. 첫 번째 세션은 이렇게 실망감으로 끝났다. 그녀는 모래놀이가 긍정적인 무언가를 보여주기를 희망했지만, 자원보다는 문제를 더 드러낸 것이다.

크리스티나는 인생에서 많은 것을 성취한 사람이었고, 강하면서 섬세했다. 직업적으로 성공했으며, 이전 결혼에서 낳아 지금은 성인이 된 자녀도 있었다. 그러나 모래와의 첫 만남에서 내적으로 작업할 필요가 있는 취약하고 불안정한 면이 갑자기 드러났다. 그녀는 상담을 시작하고 한참이 지나서야 그 '차가움'이 그녀가 삶에서 반복해서 경험하는 주제임을 알게 되었다. 그녀가 태어난 날은 50년 동안 가장 추운 날이었고, 신생아였던 그녀는 2주 동안 설사를 했다고 한다. 그녀는 어머니 대신, 정서적으로 거리를 두는 엄격한 성품의 할머니에 의해 길러졌다. 가족들은 그녀가 아이였을 때 할머니에게 허락받을 때까지 조금도 움직이지 않고 한 자리에 앉아 있어야 했다고 말했다고 한다.

그녀는 최근 온도와 남자 친구 주제에 관한 꿈을 꾸었다. 현실에서처럼 꿈에서도 그녀는 전기 히터를 가지고 있었는데, 이 히터가 고장이 나서, 남자 친구에게 고쳐 줄 수 있냐고 물었다. 그는 알았다면서 곧 히터에서 고장 난 가열 부품을 제거하고 "자, 이제 고쳤어"라고 말했다. 그 가열 부품은 따뜻하게 해주는 장치로 히터의 작동에 필요한 것이기 때문에, 그녀는 이게 어떻게 가능한 것인가 의아해하면서 꿈에서 깼다.

  처음에 우리는 이 꿈이 그녀와 남자 친구 관계를 객관적인 수준에서 유머스럽고도 정확하게 묘사했다고 해석했다. 실제로 남자 친구는 그녀에게 정서적으로 거리를 두었고, 그녀의 친밀함에 대한 욕구를 과도하다고 말했기에 그녀는 불안감을 느꼈다. 그에게 맞춘다는 것은 그녀 자신의 감정을 포기하는 것을 의미했다. 그녀는 이와 비슷한 관계를 정서적으로 얼음같이 차가웠던 할머니와 자주 경험했다는 사실을 발견해 갔다. 이 꿈의 특별한 부분은 그녀가 남자 친구에게 히터를 수리하라고 요구했다는 것이다. 우리는 이를 그녀가 자신을 향해 가져야 하는 부족한 따뜻함과 공감 능력(수리가 필요한 히터)을 그 연인관계가 수리해 줄 것이라는 무의식적인 기대를 나타낸 것으로 해석했다. 이 남자와의 관계는 다음 해에 점차적으로 끝났다. 이별하는 데 긴 시간을 들이며 그녀가 보살핌, 보호, 자신의 존재권에 대한 심오하고 원형적인 필요를 상당히 강력하게 남자 친구에게 투사해 왔음을 발견하기 시작했다. 그 관계가 지속되는 한, 서로가 아무리 불만족스럽다고 해도, 크리스티나도 상담사인 나도, 그녀가 어린 시절에 경험한 방치의 강도를 완전히 파악할 수는 없었을 것이다. 연인관계는 그녀가 어렸을 때 반복적으로 가졌을 실존적 무력감과 삶에 대한 두려움을 모두 느끼지 않도록 보호해 주었기 때문이다.

단단하게 붙잡기와 안기기

크리스티나의 모래놀이 분석 상담이 1년쯤 진행되었을 때, 그녀 내면의 이 '차가움'이 전면적이고 강렬하게 드러난 세션들이 있었다. 그녀는 점차 심리적 자립을 이루어왔고 기분도 훨씬 좋아지고 있었다. 언제부턴가 젖은 모래를 자주 선택하고, 모래 속으로 깊숙이 파고들어 단단함을 느끼곤 했다. 무언가를 이렇게 손으로 꼭 쥐는 것이 도움이 되는 것 같다고 했다. 모래 깊숙이 손을 넣어 모래를 꽉 쥐면, 꽉 안겨있는 것 같은 느낌이라고 했다. 모래를 쥐고 있는 것은 자신이었음에도, 자신이 안겨있다고 느낀 것이었다. 이 움직임은 여러 세션에 걸쳐 재연되었다.

어느 날, 젖은 모래 속에서 모래를 꽉 쥐고 한동안 움직이지 않았다. 그녀의 표정이 이전과 달랐다. 괴로워했고 겁에 질려 있어서, 걱정이 되어 기분이 어떤지 물었지만, 그녀는 대답하지 않고 손을 모래 속에 놓고 미동도 하지 않았다. 다만, 그녀의 눈물만 뺨을 타고 주루룩 내려와 차갑고 젖은 모래에 뚝 뚝 떨어지고 있었다. 차가움, 가로막힘, 쓸쓸함의 뚜렷한 느낌이 극적으로 표현되고 있었다. 지금 그녀에게 세상은 꽁꽁 얼어있고 축축하며 절망적이었다. 나는 그녀가 어린 시절에 경험한 비극적인 버림받음을 목격하고 있었다. 나는 치료실을 나가고 싶은 충동이 들었다. 무(無)로 떨어지는 것에 대한 유아의 원시적 두려움은 내 안에도 있었다.

그녀의 정신은 자기 조절이 불가한 교착 상태에 들어섰다. 눈물은 멈추지 않을 것 같은 기세로 모래 위로 계속 떨어졌다. 그녀의 몸은 고문당하듯 흔들렸고 나는 그녀의 어깨를 가볍게 만지며 티슈를 건넸다. 그녀의 눈물과 고통을 닦아주기에 그 티슈는 너무 얇고 부족하게만 느껴졌다. 크리스티나는 슬로모션처럼 아주 천천히 한 손을 모래에서 꺼내 코를 풀었고 점점 교착 상태에서 빠져나왔다. 정상 정동으로 회복된 후, 우리는 이 경험에 대해 많은 이야기를 했다. 그녀는 자신이 모래를 꽉 쥐고 있다가 놓는 순간 심연으로 떨어질 것 같은 분명한 느낌이 자신을 덮쳤다고 말했다. 그때 그녀는 움직일 수 없었고 사고도 멈추었다. 처음 경험해 보는 것이었다.

이 경험이 그녀를 두렵게 했기 때문에 몇 달간 모래놀이는 하지 않았다. 그렇지만 여러 세션에 걸쳐 그녀 삶의 여러 단계에서 일어났던 버림받음과 죽음에 관한 일화들과 그에 대한 두려움을 다루었다.

그녀의 모래놀이에 대한 관심은 한참 후에 돌아왔고 먼저 마른 모래에서 작업하길 원했다. 모래 속에서 그녀는 곧 전처럼 모래를 꽉 쥐어보고 싶은 익숙한 충동을 느꼈지만, 이번에는 장난스러운 방식으로 접근했다. 그녀는 모든 힘을 다해 모래를 붙잡을 필요가 없다는 것을 깨달았고, 손으로 모래를 쥐는 강도를 조절하였다. 그녀의 심리신체적 상태에서 무언가가 분명해 개선되었고, 영아기의 안겨있지 않다는 두려움도 찾아오지 않았다. 이제 그녀는 모래를 꽉 쥐고 다시 놓을 수도 있게 되었다. 이를 통해 그녀는 환경을 통제할 수 있는 능력을 발견했고 상당한 자기효능감을 되찾았다. 그녀는 모래를 모아서 평평한 둔덕을 만든 후 그 표면을 매끄럽게 다듬었다. 단단하고 견고한 구조였다.

다음 세션에서도 비슷한 작업을 했다. 둥글고 조밀한 둔덕이 모래에서 솟아 올라왔고 그 표면은 모래와 물의 혼합으로 인해 부드러웠다. 그녀는 이 표면을 실크만큼이나 부드럽다고 느끼고 있었다. 그녀는 큰 감동으로 이 둔덕을 반복해서 쓰다듬으며 만족했다. 그런 다음 둔덕 하단에서 왼쪽과 오른쪽 상단으로 한 번씩 손가락으로 솔질하여 올라갔다. 그렇게 만들어진 이미지를 한참 동안 바라보다가 "아, 손을 든 아이의 얼굴이구나!"라고 외쳤다(그림 11). 실제로 그 이미지와 딱 맞아떨어지는 묘사였다. 둔덕은 관찰자를 향해 신뢰를 갖고 작은 팔을 들어 올리는 작은 아이의 둥근 머리였다. 그녀는 "나도 이랬으면 좋겠어요. 두 팔 벌려 세상을 즐겁게 품었으면 해요"라고 덧붙였다. 이 상징적 경험은 크리스티나의 모성적 기능(긍정적 어머니 원형), 활력, 자발성, 창의성(어린이 원형)을 모두 활성화했다고 말할 수 있다.

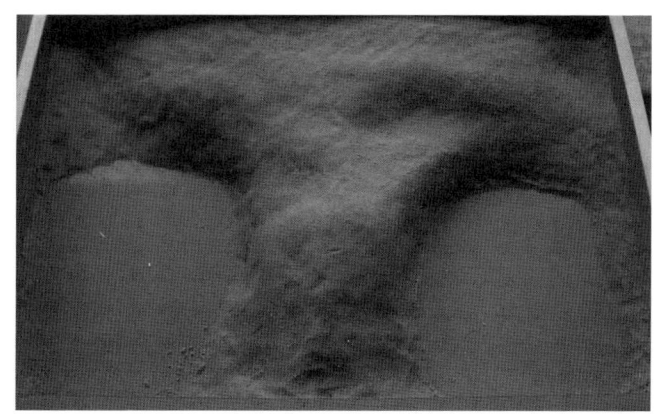

그림 11 : 여자아이

그녀의 모래 창조는 계속되었고, 더 놀이처럼 장난스럽게 진행되는 경향이 있었다. 단단한 둔덕들은 변형하며 모래놀이의 주제로 계속 등장했다. 그중 한 세션에서 등장한 둔덕은 높고 넓었다. 그녀는 그것을 손바닥으로 두드리기 시작했다. 리드미컬하게 치자 마치 드럼 소리 같았다. 그녀는 미소를 지으며 더 크게, 더 느리게, 더 빠르게 변화를 주며 드럼을 계속 쳤다. 그 다양한 음색과 조화로운 움직임에 매료되어, 그녀가 갑자기 멈춰서 눈을 떴을 때 나는 무아지경에서 찢어져 나온 것 같았다. "벌써 끝났나요?" 내가 물었다. "네." "기분이 어땠어요?" "너무 좋았어요, 너무도요. 몇 시간이고 이렇게 드럼을 칠 수 있겠어요." "그러면 무엇이 당신을 멈추게 했나요? 아직 시간이 좀 더 남았는데요." "이런 생각이 들었어요. 나는 치료를 받고 있고 아마도 이야기해야 할 것이라고. 이렇게 계속 드럼만 치면 시간 낭비일지도 몰라서요." 나는 그녀에게 '몇 시간이고 이렇게 계속 드럼을 칠 수 있겠다'로 표현된 자신의 감정을 믿으라고 제안했다. 그녀는 다시 눈을 감고 리듬을 찾아갔다. 그녀의 오른손이 점차적으로 속도를 줄여가며 슬로모션처럼 움직이다가 모래 위에 놓이는 것을 보았다. 그리고 왼손이 의례적인 행위처럼 몇 번 더 천천히 오르내리는 것을 보았다. 크리스티나는 깊은 감동을 받은 것 같았다. 그녀는 긴 침묵 끝에 눈을 떴고 무슨 일이 일어났는지 나에게 말했다.

처음에 그녀는 나처럼 리듬을 즐겼다. 그러다가 점차 모래 언덕이 자기 몸, 정확히는 어깨인 것처럼 느껴지기 시작했다. 그리고 그녀의 오른손이 모래 둔덕 위에 있을 때 그 손이 자기 오른쪽 어깨에도 동시에 있음을 느꼈고 그 기분이 좋았다. 조금 후에 그녀는 그것이 아버지의 손처럼 느껴졌다. 그녀의 아버지는 평생 그녀에게 비판적이었으며 그녀가 뭘 하든 불만족했다. 이제 그 손은 그녀의 마음속 어깨를 만지며 다르게 말해주는 것 같았다. "괜찮아. 넌 있는 그대로 훌륭해. 다른 사람이 될 필요 없어. 지금 그대로 완벽해." 아버지의 축복이었다. 그녀는 몸속의 모든 것이 이완되고 해방되는 것을 느꼈다. 마침내 그녀는 원하는 대로 살 수 있게 된 것이다. 그 후 몇 주 동안 아버지의 손이 어깨에 닿았을 때의 느낌이 자주 생각났고, 아버지의 승인과 축복이 일상생활에 동반되는 것처럼 느껴졌다.

어깨는 모래 위 형상이면서 자신의 것이었고, 아버지의 손은 동시에 자신의 손이었다. 그녀는 정신의 자기 조절 능력이 주도할 수 있는 복잡미묘하며 창의적인 방법을 통해 유년기와 청소년기에 경험하지 못한 의식을 스스로 거행했다. 내 구두적 개입은 최소한으로 유지되었으며 가끔 "지금은 어떠세요?" 그리고 "그 기분이 어떤가요?" 정도만 질문했다. 나는 모래에서 일어난 일을 해석하거나 설명하려고 시도하지 않았다. 기껏해야 내담자가 자신의 감정 요소를 공유할 때 반영mirroring하거나 의역하며, "제가 잘 이해했나요?"라고 물었다. 크리스티나가 마치 마비 상태에서 벗어나지 못하고 있는 것 같던 극심한 상황에서는 티슈를 건네는 작은 개입이 도움이 되었다. 그녀가 장난스럽고 탐색적인 행동을 너무 빨리 중단했을 때 그만하고 싶은지 물어보는 것도 유익했다.

이러한 치료적 과정 동안에는 안정적인 전이 관계가 매우 중요하다. 염두에 둘 것은 상담사가 항상 그러한 강렬한 과정을 진행할 준비가 되어 있지 않을 수 있으며, 세션 중에 모래놀이를 사용하고 싶은 욕구는 양쪽 모두에게서 나와야 한다는 것이다.

부엉이의 시선

나는 심각한 트라우마를 경험한 경우 나타나는 정신의 자기 조절 효과를 보여주는 일련의 모래상자 이미지를 보여주려고 한다. 헤일리의 어린 시절은 극심하게 빈곤했고, 부모는 그녀가 6살 때부터 식당에서 꽃을 팔도록 했다. 여러 가지 결핍에도 불구하고 그녀는 선생님들의 도움으로 공부를 시작할 수 있었다. 그녀는 성공적인 심리상담사가 되었고 자신의 직업에 만족했지만 여러 신체화 증상에 시달렸다.

그녀와 모래놀이 세션을 하기 전에 초기 사정과 라포 형성을 위한 구두 세션이 선행되었다.

헤일리는 상담사로서 모래놀이를 배우기를 원했고 이를 통해 자신도 분석 받기를 원했다. 그녀는 첫 번째 세션에서 나무들과 녹지로 둘러싸인 호수 풍경을 만들고, 호숫가에 남자와 여자를 앉힌 후, 이곳은 휴식을 취할 수 있는 곳이라고 설명했다. 모래상자의 우측 상단 코너에는 해, 달, 금박지로 만든 별들을 조심스럽게 배치했다. 그녀는 이 천체들을 특히 좋아했고, 나는 이 모습에서 그림 형제의 동화 중 혼자 여행하는 고아가 태양, 달, 별에 도움을 요청하는 이야기가 연상되었다. 해는 아이를 태우려 했고, 달은 아이를 잡아먹으려 했지만, 별들만은 아이를 가엾게 여겼다. 나는 이 연상을 혼자 간직했다. 이 모래 이미지는 전체적으로 유쾌했고 녹지는 싱그러웠지만, 분명한 거리감이 있었다. 그녀와 더 깊은 작업을 하기 위해서는 라포를 더 쌓아야 한다는 생각이 들었다.

다음 세션에서 그녀는 모래만 사용하기 시작했다. 모래 전체를 몇 번 휘젓고 나서 이미지 하나를 만들었는데, 이 이미지는 한편으로는 산등성이로 분리된 두 개의 호수처럼 보이기도 했고, 다른 한편으로는 보지 못하는 두 개의 큰 눈 사이에 있는 넓고 섬뜩한 코처럼 보이기도 했다. (그림 12)

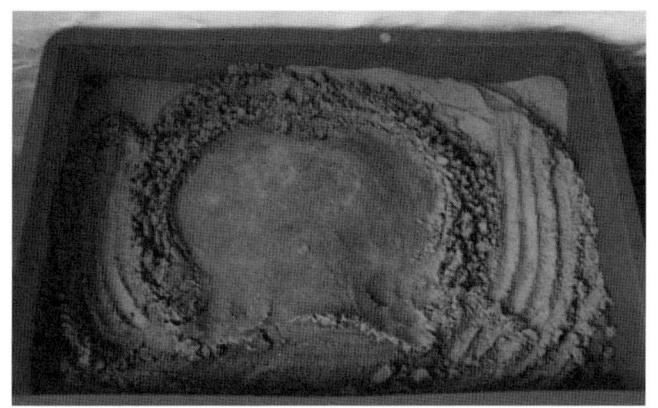

그림 12 : 기괴한 얼굴 1

헤일리는 그 이미지가 무엇을 의미하는지 모른다고 말했고, 나도 별다른 언급을 하지 않았지만, 분명 이 이미지는 불안한 느낌을 주었다. 공허하면서도 동시에 답답한 느낌이었다. 나는 이에 대한 어떤 아이디어나, 설명, 가설도 떠오르지 않았고, 이를 찾으려는 동기도 생기지 않았다. 그녀는 다음 두 번의 세션에서도 이와 매우 유사한 이미지를 만들었다. 두 개의 호수가 있는 풍경으로 보일 수도 있었지만, 시간이 지나면서 매우 무섭고 거의 괴물 같은 시선을 가진 얼굴로 명확해졌다. 특히, 젖은 모래로 만든 두 번째 이미지는 매우 무거워 가까이 가기조차 어려울 지경이었다. 그러한 인상은 이미지 자체에서 뿜어져 나왔기에 언급할 필요가 없었고, 그녀가 집중해서 만드는 동안의 분위기에는 긴장감이 가득했다.

그림 13 : 기괴한 얼굴 2

　다음 세션은 저녁 시간대에 잡혀 있었는데 그날 이른 오후부터 몸이 피곤했고, 그녀와의 세션이 가까워질수록 내 직업에 대한 혐오감이 강하게 들었다. 그녀와의 약속을 취소하고 당장 집에 가는 것보다 더 좋은 일이 없었을 것이라고 생각했다. 그녀가 오지 않기를 바랐고, 그녀가 약속을 잊어버릴지도 모른다는 상상을 했다. 그 순간, 나는 내 감정과 그녀의 모래놀이 내용을 연결하지 못했다. 헤일리가 제시간에 초인종을 누르고 상담실에 들어왔을 때, 나는 그녀의 위축된 표정을 보았다. 그저 나의 편견에 불과한 상상일까? 긴장된 공기가 방안을 가득 채웠다. 헤일리는 나에게 한 가지 부탁을 했는데, 이것이 그녀에게 얼마나 어려운 일인지 분명히 알 수 있었다. 그녀는 다시 모래놀이를 하고 싶지만 나에게 등을 돌리고 진행하기를 원했다. 그녀는 모래 상자를 나에게서 최대한 멀리 떨어지게 놓고 그 앞에 등을 돌리고 앉았다. 그녀는 이제 나 대신 셀 수 없이 많은 피규어가 있는 선반을 마주하게 되었다. 그녀는 오랫동안 모래 상자에 조용히 앉아 있었고 피규어 선반에는 손을 뻗지 않았다.

그런 다음 그녀는 양손으로 원을 그리기 시작했다. 크고 불쾌하게 갈리는 소리가 날 정도로 압력을 가하는 것 같았다. 그리고 손으로 점점 자신에게서 멀어지도록 원을 그리며 모래를 쓸었다. 박자는 점점 빨라지고, 급하고, 안절부절못해졌다. 나는 그녀가 멈추기를 바랐지만, 그녀는 계속하며 더 빨리 돌렸고, 소음은 비명 소리로 바뀌었으며, 그녀의 숨소리가 들렸다. 그녀는 사력을 다하고 있었고 분명한 분노와 증오심이 느껴졌다.(그림14) 나는 그녀의 등만 볼 수 있었지만, 그녀가 지쳤으며, 땀을 흘리며 숨이 완전히 찼을 것이라는 것을 느낄 수 있었다. 상당히 오랜 시간이 흐른 후, 마침내 동작을 멈췄다. 그녀는 울음을 터뜨렸고, 어깨를 들썩이며 흐느꼈다. 그녀는 여전히 물리적 거리가 필요한 듯 보였고 내가 다가가는 것을 침입으로 받아들일 수 있기에 기다렸다. 얼마 후 헤일리는 일어나서 우리가 평소에 구두 상담을 할 때 사용하는 의자에 앉았다. 그녀는 여전히 울고 있었다. 그리고 천천히 자신이 어린 시절에 강간의 피해자가 될 뻔한 사실을 털어놓았다.

그림 14 : 트라우마 작업하기

  누구에게도, 심지어 남편에게도 한 번도 말한 적이 없는 이야기였다. 그녀가 나에게 등을 돌리기로 결정하고 모래 상자 앞에서 혼자 있는 동안 혹시 외롭지는 않았는지 물었다. 그녀는 엄청난 수치심 때문에 혼자 있는 것이 필요하다고 느꼈다고 대답했다. 나는 다소 거리가 있는 곳에 있었기에, 그녀는 나 대신 자기 앞에 있는 선반의 피규어들 덕분에 자신이 여전히 좋은 동반자가 있고 잘 보살핌을 받고 있다고 느꼈다. 피규어들은 그녀에게 위안을 주는 필요한 존재였고, 그녀는 그것들에게 보호받는다고 느꼈다.

  모래 매체를 통한 트라우마의 카타르시스적, 운동적, 감각적 재경험은 구두 상담으로 달성하기 거의 불가능하다. 트라우마의 치료를 위해서는 언어로 이해할 수 없는 모든 공포까지 그대로 신체적으로 재활성화되는 과정이 필요하다. 모래는 신체가 이러한 재경험을 능동적으로 조절하도록 돕는 도구다. 세션이 진행되면서 우리는 그 이슈에 대해 이야기했고, 모래놀이를 통해 더 깊이 처리해 나갔다. 다음 달에는 그녀가 이중 원을 그린 두 번의 세션이 있었다. 이 세션 중 첫 번째 세션에서 그녀는 집게 손가락으로 마른 모래에 무한대를 나타내는 수학 기호인 ∞을 그렸다. 그녀는 손가락으로 이 기호를 따라가면서 거의 최면에 걸린 듯했고 어지러우면서 동시에 차분해진다고 말했다. 나는 이 움직임을 그녀가 트라우마를 극복하고 성장하는 과정의 상징으로 보았다. 또한 고통스럽게 경험한 운명과 극도의 불의를 넘어선 수준으로 자신을 끌어올리고 있는 것이라고 이해했다. 몇 주 후, 그녀의 모래놀이에서 심오한 변형을 수반한 상징적이고 운동감각적인 표현이 나타났다. 그녀는 다시 원을 그리며 손을 움직이기 시작했지만, 이번에는 움직임이 집중되고 통제되었다. 원의 방향이 바뀌었고, 전체적인 분위기가 놀이하는 것 같으면서도 초점과 결단력이 유지되고 있었다. 반쯤 마른 모래에 나타난 두 개의 잘 그려진 원은 임의적이지 않았고 의도된 것으로 보였다. 헤일리의 자기효능감이 명확하고 힘 있게 표현된 것으로 보였다. 마지막에 그녀는 짙은 파란색의 작은 유리구슬 두 개를 찾아 각 원의 중앙에 하나씩 놓았다. 그런 다음 그녀는 두 개의 원 사이에 작은 삼각형 홈을 추가했다. 갑자기 두 개의 큰 부엉이 눈이 모래 상자에서 우리를 응시하고 있었다. 부엉이가 지배하는 밤처럼 그 응시도 비밀스러웠다. 작은 부리는 정확하고 날카로워 맹금류다웠다. 헤일리는 이 이미지를 매우 좋아했고, 사진을 찍어서 핸드백에 넣고 다닐 것이라고 말했다(그림 15). 우리는 부엉이가 고대 그리스에서 아테나 여신에게 바쳐졌으며 오늘날까지도 여전히 여성 지혜의 상징으로 여겨진다는 사실에 대해 이야기했다. 그녀가 최근에 현상의 어두운 면을 구별하는 능력을 발달시켰음을 발견했다. 주변 사람들의 어두운 면을 일찍 인식하고 삶의 구체적인 위험을 피하거나 더 잘 대처할 수 있었다. 이 야행성 맹금류의 힘과 장엄한 아름다움에 대해 우리는 연상과 대화를 이어갔다.

그림 15 : 부엉이의 응시

그 후 몇 달 동안 헤일리의 마음 상태와 심리상담사로서의 직업적 삶에 의미 있는 변화가 일어났다. 그녀는 더 자신감이 생겼고, 권위 있는 행동을 할 때 수반되었던 두려움이 줄어들었다. 그리고 다른 사람들이 자신에 대해 어떻게 생각하는지 훨씬 덜 신경 썼으며, 충동적인 경향이 줄었고, 화를 덜 냈다. 또한, 남성 환자들의 말을 더 많은 인내심으로 경청했다. 모래놀이는 그녀의 정신에 분명히 상당한 변화를 가져왔다. 그녀는 이제 이 맹금류의 응시를 성역할이 극도로 양극화된 자신의 문화적 환경에서 자신을 보호하는 상징으로 사용하고 있다. 영원한 희생자의 역할에 갇히는 대신 사회정치적 참여를 통해 고국의 젊은 여성들에게 촉매제 역할을 하고 있다. 그녀는 어디를 가든 부엉이의 시선을 실제 부적처럼 자기 안팎에 지니고 다녔다.

제3장

모래놀이치료
개별 세션에서 일어나는
정신의 자기 조절

Self-regulation of the Psyche
in Individual Sandplay Therapy

...상징 놀이와 상담사와의 관계 경험을 통해 초기 아동기에 경험하지 못한 발달 단계를 보충하기 시작한 것을 목격한 것이다.

이번에는 상징적 표현을 할 수 있도록 자유롭고 보호된 공간이 제공되는 경우, 아동의 정신이 여러 차례의 심각한 외상을 겪은 후에도 어떻게 스스로를 조절할 수 있게 되는지를 개별 세션에서 일어난 치료 과정을 통해 설명할 것이다. 상담사의 언어 개입이 얼마나 최소한으로 이루어지는지와 몸에서 몸으로 얼마나 많은 의사소통이 일어나는지도 분명하게 이해할 수 있을 것이다.

지금 소개할 10세 남자 입양아의 모래놀이 세션에서 사용한 치료적 방법은 다음 장에서 설명할 '표현 모래작업' 모델과 매우 유사하다. 표현 모래작업은 비전문가 자원봉사자들을 교육하여 집단으로 모래놀이를 제공하는 심리사회적 개입 도구이다. 즉, 필연적으로 각 아동과 함께하는 성인 조력자가 특별한 치료적 개입 없이 진행해야 하고, 질문을 하거나 구두 의사소통이 장려되지 않음을 의미한다. 여기서 소개하려는 사례의 특정 상황은, 개인상담 구조 안에서 일어났으며, 표현 모래작업에서와는 다른 이유로 구두 의사소통을 할 수 없었다. 처음부터 그 소년은 말을 걸었을 때 거의 반응하지 않았고, 차단되어 있는 인상이었다. 따라서 말하지 않음은 치료 시작에 대한 전제 조건이었다. 내가 이를 받아들이자, 그의 회화적, 상징적 표현 과정을 통해 눈부신 치료적 진전을 이룰 수 있었다. 무엇보다 정신의 기능에 대한 귀중한 통찰을 얻을 수 있었다. 마치 현미경을 통해 아동의 정신이 여러 가지 기저 트라우마로 인해 교착되었던 상태에서 점차 벗어나기 시작하고, 상징 놀이와 상담사와의 관계 경험을 통해 초기 아동기에 경험하지 못한 발달 단계를 보충하기 시작한 것을 목격한 것이다.

도라 칼프의 기본 원칙

먼저 Dora Kalff(1960)의 모래놀이치료에 대한 몇 가지 기본 원칙을 요약하겠다. Kalff에 따르면 상담사가 아동의 놀이에서 나타나는 특정 내용이 아동의 현재 또는 과거의 경험과 연결되는 것을 발견했을 때 이를 말로 언급하지 않는다. 그러한 개입은 아동의 무의식이 관장하고 있는 놀이의 흐름을 방해할 수 있으며, 아직 아동이 직면할 준비가 되지 않은 것에 대해 너무 빨리 고통스럽게 직면하게 할 수 있다. 또한, 메타적 차원의 개입은 상징 놀이를 근본적인 것에 대한 은유 정도로 간주하여, 상징 놀이가 지닌 의미와 가치를 간과할 수 있다. 그러나 아동에게 놀이는 그 자체로 사고이자 문제 해결이다. 상징 놀이는 놀이를 하고 있는 아이에게 필요한 모든 것이 포함되어 있다. 이는 실존적으로, 신경생물학적으로 피질 하부 구조에 깊이 뿌리를 내리고 있으며(Panksepp, 1998), 자신만의 고유한 타이밍을 가지고 있다. 유기적 성장과 마찬가지로 상징 놀이도 서둘러서는 안 된다. 모래놀이에서 상담사는 아동의 놀이 과정을 관찰하며 상징적 수준을 읽으려고 노력한다. 단순히 인지적으로 접근하는 것을 넘어서, 상담사는 정서적 수준에서 공명체 역할을 한다. 아동은 이러한 통합적인 관계성을 무의식적 수준에서 암묵적으로 인식하고, 내면으로부터 새로운 통찰과 경험을 시작하게 된다고 가정한다. 아동은 본능적으로 놀이에서 새로운 관계 모델을 시도하며(Bowlby, 1969가 설명한 작동 모델의 의미에서), 이를 외부 세계에 적용하면서 자신의 성격 내부에 자리 잡아 가도록 한다. 이 모든 과정이 모래놀이에서 효력을 발휘할 수 있는 한, 언어적 교환은 거의 필요하지 않다. 그러나 아이가 모래놀이에 흥미를 잃었거나, 놀이 내용이 오랜 기간 동안 변화 없이 반복된다면, 상담사는 추가적인 치료 방법을 고려해야 한다. 모래놀이가 한계에 도달하는 시기는 아동의 연령 및 정신 건강 문제의 유형과 정도에 따라 다르다. 모래놀이의 가장 큰 장점 중 하나는 아동이 치료 상황에 대한 신뢰를 조기에 쌓고, 자기효능감을 빠르게 경험한다는 것이다. 상담사는 아동을 놀이

전문가로 인정한다. 이를 통해 자발적이고 자원 지향적인 과정이 시작된다. 내적 자원이 나타나고, 이를 아동이 새로운 잠재적인 에너지와 새로 습득한 상황 판단 능력으로 사용할 수 있게 되면, 발달이 보완될 수 있다. 신경증적 장애를 가진 아동은 모래놀이를 통해 회복될 수 있는 가능성이 높다. 전제 조건은 부모와의 상담도 병행해야 한다는 것이다. 아동기 해리성 장애의 경우, 칼프(1960)에 따르면 모래놀이만으로는 충분하지 않고, 더 복잡한 치료 과정에 통합하여 사용될 수 있다. 청소년과 성인의 경우, 모래놀이를 세션의 앞뒤 언어적 부분에 통합해야 하는 경우가 많다. 이러한 상황에서도 완성된 모래 이미지의 상징적 내용을 같은 세션에서 논의하지 않는다. 다시 말하지만, 우리는 상징이 더 많은 의미를 담고 있으며, 행동하기 위해서는 시간이 더 필요하고, 의식적인 형태로 즉시 해석할 수 없다고 가정한다. 상담사는 모래놀이 중 또는 후에 내담자가 묘사한 감정, 생각, 지각을 반영하고 활발하게 논의한다. 모든 모래 이미지는 신체적, 정서적, 정신적, 영적 등 여러 수준에 영향을 미친다. 이론적으로 이러한 각 수준은 각 놀이 과정에서 해석되고 증폭될 수 있다. 여기서 상담사의 임무는 내담자에게 현재 가장 필요한 것이 무엇이고 어떤 수준이 의미 있는지 이해하는 것이다. 침묵하는 증인의 역할은 항상 우선되며, 가장 중요하다. 그 이후의 모든 해석적 조치는 내담자의 필요에 맞게 조정된 이 역할에서 비롯된다.

10세 남자 입양아 에디의 사례 소개

생후 22개월에 입양된 10세 소년 에디는 말을 잘 듣지 않는 고집스러운 행동 때문에 아버지와 함께 진료에 왔다. 이미 에디의 발달사에 대해 양쪽 부모와 한 차례 이야기를 나눴다. 에디를 처음 봤을 때 내 안에 책임감이 커지는 것을 느꼈다. 전에는 한 번도 경험해 보지 못한 나의 치료 기술에 대한 불안감도 엄습했다. 내가 느끼는 이 부적절함이 소년의 충족되지 않은 욕구에 비례하는 것은 아닌지, 그리고 소년과의 상호작용에서 부모가 느꼈을 법한, 그리고 무엇보다도 소년 자신이 느꼈을 법한 무언가를 반영하는 것은 아닌지 궁금했다. '불충분함'은 그의 초기 아동기의 기본 상황이었을 것이다. "나는 할 수 없어, 불가능해"라는 문장은 에디가 항상 가지고 다닐 뿐만 아니라 일종의 역전이 반응으로 다른 사람들에게도 불러일으키는 느낌일 것이다.

에디의 병력은 그가 생후 3개월에 저체중과 갈비뼈와 다리의 골절로 인해 가정의에 의해 어린이 병원으로 옮겨졌다는 것을 보여주었다. 엑스레이 검사 결과 팔과 코뼈가 부분적으로 치유된 골절 흔적이 추가로 발견되었다. 극심한 신체적 학대가 의심되는 정황으로 어머니와 아들은 보호시설로 옮겨졌다. 이후 8개월 동안 어머니가 아이와 만족스러운 관계를 맺을 수 있을 것이라는 희망은 충족되지 않았다. 어머니의 진단에 대해서는 알려진 바가 없다. 생후 10개월이 되던 해, 에디는 한 위탁 가정에 살기 시작하면서 적절하고 따뜻한 보살핌을 받았다. 1년 후, 생후 22개월이 되어 이미 위탁모와 안정된 유대감을 형성했을 때 입양 제의가 들어왔다. 새로운 가족이 생겼다는 사실은 에디에게 큰 충격이었다. 그는 새로운 양부모의 집에서 몇 주 동안 계속 울기만 했다. 특히 밤에 구토를 자주 했다. 만성 변비를 앓았고 감염에 걸리기 쉬운 상태가 되었다. 울음이 구토로 자주 이어졌고, 그 반대의 경우도 종종 있었다. 부모는 무력감을 많이 느꼈고, 아이는 위로받지 못하는 것 같았다. 당시의 사진에는 따분한 표정의 에디와 그 옆에서 용맹하게 최선을 다하는 양부모의 모습이 있지만, 실망과 고통의 우울한 분위기는 여력했다.

  에디는 서서히 새로운 상황에 적응했다. 처음에는 신체적으로 많은 친밀감을 주는 아버지에게, 그리고 점차 초등학교 교사로 일했던 공감 능력이 뛰어나고 부지런한 어머니에게 적응해 나갔다. 놀랍게도 1년 반 후 에디의 양모는 임신을 하게 되었다. 그 후 몇 년 동안 짧은 간격으로 총 세 명의 형제자매, 즉 두 명의 남자 아이와 한 명의 여자 아이가 태어났다. 현재 에디는 크고 우울한 눈과 불안한 표정을 가진 몹시 여윈 소년이다. 마른 손, 어른들의 질문에 고개를 숙인 채 대답하지 않는 모습, 이 모든 것이 표현 모래작업 프로젝트를 통해 만났던 극심한 사회적 위기 상황 속에서 살고 있던 라틴아메리카의 아이들을 떠올리게 했다. 가끔 그 아이들의 얼굴에 미소가 번지는데, 그럴 때면 그 미소가 나를 관통했다. 운 좋게 발달 수준에 맞춰 성장하진 못했지만, 그럼에도 불구하고 어른들의 사랑을 어느 정도 경험한 아이들은 이런 특별한 방식으로 미소를 지을 수 있다. 이 미소는 순식간에 이유를 설명할 수는 없는 눈물을 나게 하기도 한다. 이는 두 번째 세션이 시작되면서 에디가 나를 쳐다보았을 때 나에게도 일어났다. 하지만 너무 조급해하지 말고 차근차근 진행해야 한다. 비록 에디가 세상에 완전히 무방비로 던져졌고 이로 인한 여러 트라우마에서 아직 회복되지 않았다고 해도 말이다.

양부모는 소년의 분노 폭발이 점점 더 잦아져 치료를 받게 했다. 그는 부당한 일을 발견하거나, 질책을 받거나, 오후 수업 때문에 집을 떠나야 할 때, 분노를 표출했다. 그는 종종 큰 소리를 지르며 방을 뛰쳐나갔다가 몇 분 후에 유순한 모습으로 돌아와 거의 강박적으로 용서를 구하곤 했다. 부모는 에디와 함께 점점 거칠게 행동하는 동생들도 걱정되었다. 그는 형제들이 놀고 있으면 끼어들었지만, 부모는 그의 몸이 나무판처럼 굳어지곤 했다고 했다. 에디는 악몽에 시달렸고 자다가 자주 기침을 했다. 기침은 점점 심해지면서 깨어나지 않은 채로 토를 하기도 했다. 에디는 안아달라고 요청한 적이 없으며 사실 대부분 거절했다. 아버지가 등 마사지를 해줄 때만 긴장을 조금 풀었다. 부모는 아무리 말을 해도 에디가 듣지 않는 것 같고, 그에게 주는 무한한 관심과 사랑은 무(無)로 떨어지는 밑 빠진 독 같다고 한탄했다. 게다가 그의 어머니는 그가 동생들을 정말 폭군처럼 압제할 수도 있다고 우려했다. 부모님은 가족 사진을 보여주었다. 부모 옆에는 아주 건강하고 모험적인 세 자녀가 있었고, 몇 발짝 떨어져 맏형인 에디가 자신은 여기에 속하지 않아 자신 없다는 듯 어깨를 축 늘어뜨린 채 서 있었다. 부모는 마음이 열려 있고 이해심이 많았지만 자주 어찌할 바를 몰랐다. "질문이 있어요." 아버지가 물었다. "이게 에디의 성격일 수 있고, 그렇다면 우리가 있는 그대로 받아들이도록 노력해야 하지 않을까요?" 나는 대답했다. "물론 어느 정도는 맞는 말씀이에요. 그러나 이러한 행동을 가지고 태어나는 아이는 없어요. 극심한 역경에서 살아남기 위해 개발된 행동이죠."

첫 번째 세션

앞서 언급했듯이, 에디는 나로부터의 어떠한 개입도 받지 않겠다는 신호를 모든 몸짓으로 보내고 있었다. 내 말이나 질문 하나하나가 그의 몸에 긴장의 물결을 일으켰고, 내가 의도하는 바를 필사적으로 이해하려고 애쓰는 그의 고통스러운 작은 얼굴에 커다란 물음표가 나타났다. 동시에 나는 내가 하는 질문이 무엇이든 그에게 의미가 없다는 것을 발견했다. 몇 분 후 마침내 내가 "좋아, 이제 이 질문들을 그만하자. 너는 편하게 놀 수 있어"라고 말했을 때, 그의 몸은 이완되기 시작했고, 그의 시선은 상담실을 탐색했다. 그는 피규어 선반에 접근했다. 에디는 내면에 풍요로운 생명을 지니고 있지만 다른 행성에 살고 있다는 인상을 주었다. 약간의 침묵 후에 나는 모래상자와 피규어들과 함께 그의 행성에 도착했고 이제 그의 엄격한 규칙에 복종해야 한다고 느꼈다. 그의 과도하고 강압적인 어떤 본성에 순종적으로 반응하는 나를 발견했다. 에디의 초기 관계 패턴은 부재로 특징지어질 수 있을 것이다. 그가 혼자 있을 때만 자신의 내적 욕구에 실제로 접근할 수 있는 것처럼 보였기 때문이다. 그래서 나는 일단 시선으로 그의 행동을 열심히 추적했다. 그는 아무것도 하지 않고 온갖 종류의 배가 진열된 선반 앞에 우두커니 서 있었다. 마치 황홀경에 빠진 것처럼 오랫동안 그것들을 바라보았다. 에디는 부서질까봐 두려운 것처럼 매우 조심스럽게 배들을 하나씩 만졌다. 그런 다음 그는 나무 범선을 손에 들고 모든 각도에서 열심히 살펴보더니 모래상자에 단호하게 놓았다. 순식간에 모래는 광활한 회색 바다로 변했다. 갑자기 너무 많은 물과 너울거리는 파도의 물마루들을 보는 것은 무서운 느낌이었다. 에디는 모래 상자를 눈높이에 맞추기 위해 몸을 웅크리고, 작은 배가 모래 위를 슬로모션으로 미끄러지듯 나아가게 했다. 깨지기 쉬운 여린 배가 절망적으로 바다에 노출되어 있었다. 에디는 완전히 몰입하고 있었고 거의 최면에 걸렸거나 해리된 것 같았다. 폭탄이 이 상담실을 친다고 해도 그는 눈치채지 못할 것 같았다.

　에디는 이제 더 많은 배를 가져와, 손으로 하나씩 끌며 모래 위를 순회했다. 그러던 중 거의 눈에 띄지 않게 한 척의 배가 침몰하기 시작했다. 처음에는 한쪽으로 약간 기울어지더니 나중에는 저류에 의해 천천히 끌어당겨지고 있는 것 같았다. 에디는 내가 이 상황을 알아차렸다는 것을 인식했고, 그래서 나는 위험을 무릅쓰고 말했다. "오, 배가 지금 침몰하고 있구나." 그는 고개를 끄덕였다. 배는 천천히 가라앉다가 돛대 끝이 수면 아래로 사라지며 정확히 어디에 침몰했는지 알 수조차 없었게 되었다. 그러고는 다른 배가 멀리서 접근하여 길고 지루한 구조 작업을 시작했다. 먼저 한 잠수부가 침몰한 배를 찾았지만 헛수고였다. 그런 다음 마침내 위치를 파악하고 천천히 물에서 꺼냈다. 돛이 하나씩 다시 한번 부풀어 올랐다. 구조되었다! 말로 표현할 필요가 없는 큰 안도감이었다. 우리 둘에게서 자연스럽게 나온 해방적인 한숨이 모든 것을 말해주었다. 우리는 이렇게 몸으로 소통하고 있었다. 그러나 에디가 나에게 부과한 구두 소통 제약의 조건은 아직 남아 있는 것처럼 느껴졌다.

 이 장면은 반복되었다. 다른 배가 전복되어 이전과 같은 으스스한 방식으로 아래로 끌려갔다. 이번에는 구조선이 더 빨리 도착했고, 구조 작전이 더 신속하게 완료되었다. "이 배도 구조됐군." 내가 말했다. 에디가 나를 보고 있다는 사실은 내가 이해하는 것이 그에게 중요하다는 것을 말해 주었다. 이제 그가 몇 마디를 받아들일지도 모른다고 느꼈지만, 마치 놀이 외에는 현실이 없는 것처럼 아직은 놀이 수준에서만 구두 소통하는 것이 중요해 보였다. 그의 무언의 요구에 부응하는 나의 반응은 초기 유아기의 몽상 상태를 떠올리게 했다. 이는 에디가 다른 사람 앞에서도 자신과 자신의 생각에 집중하며 방해받지 않고 놀이를 계속할 수 있게 해주는 것이었다. 첫 번째 세션을 시작하고 몇 분 만에 그는 원래의 트라우마와 밀접하게 관련된 내용을 묘사했다. 사고 및 구조 작업에 대한 묘사는 이후 세션들에서 반복되고 다양해졌다. 내가 올바르게 이해했는지 확신이 서지 않으면 모든 이야기의 대본과 연출에 전적으로 책임이 있는 에디가 수락하거나 거부할 수 있도록 가설을 제시했다. 이런 식으로 그에게 최대의 자기 효율성과 동행자가 있음을 느끼도록 했고 그의 내적 안정감은 강화되어 갔다.

나는 그의 첫 번째 놀이였던 배가 가라앉고 구조되는 것을, 그의 극적이고 극도로 위협적이었던 삶의 시작에 대한 묘사이자 그의 현재 상황에 대한 묘사로 해석했다. 그는 발 아래 단단한 땅이 없이, 탁 트인 바다에서 표류하는 것처럼 삶을 살아갔고, 큰 기분 변화와 감정적 폭풍에 노출되어 있으며, 우울증의 저류에 의해 끌어내려질 위협을 받았지만 항상 다시 구조되었다. 에디는 슬로모션으로 선박이 가라앉았다가 구조되는 장면을 계속 연출했으며 이 반복되는 장면들에는 변형이 있었다. 이는 첫 번째 세션의 첫 번째 모래놀이 장면에서 두드러지게 나타났다. 사람들이 보트에 앉아 있다가 거의 눈에 띄지 않게 배 밖으로 떨어져 물 속으로 사라졌다가, 복잡한 작업을 통해 구조되었다. 약 20분 후 에디는 배들을 정리하며 자신감 있게 상담실을 돌아다녔다. 그가 놀이를 어떻게 자기 치유를 위해 활용했는지 알 수 있었다. 이제 그는 나무와 동물 피규어를 가져왔다. 숲이 조성되었고 육식 동물과 초식 동물들이 풍경 속에서 떼를 지어 배치되었다. 모래는 더 이상 물이 아니라 단단한 땅이었다. 진전이었다.

다음 장면은 너무 빨리 일어나 놓칠 뻔했다. 엘크가 치타에게 물려 상처를 입고 바닥에 누워있었다. 나는 에디의 감정을 알아차리고는 가능한 한 중립적인 말을 하려고 애쓰며, 내가 그 드라마를 목격했음을 말했다. "치타가 엘크를 물었네." 그는 "네, 상처가 나서 덤불 뒤에 숨었어요."라고 대답했다. 에디가 처음으로 나에게 말을 했다. 에디의 감정은 나에게 뚜렷하게 보였고 느껴졌기 때문에, 놀이 수준에 머물면서 '치타가 엘크를 물었네'라는 상황을 반영하는 시도만 했다. '네, 상처 입었어요'라고 답하는 에디의 말투는 '선생님 이해하셨네요'라고 말하는 듯 만족스러운 톤이었다. 대신에, 내가 만약 '불쌍한 엘크!'라고 했다면 이것은 에디의 많은 감정 중 하나만을 다루었을 것이다. 그 순간에 에디가 엘크의 고통보다 물고 싶은 치타의 욕망을 느끼는 것이 더 중요했을 수도 있다. 에디가 준비되기 전에 엘크에 대한 그의 공감을 불러일으키려고 했다면, 그와 나의 감정적 인식은 반대 양극단에 남아 있었을 수도 있다. 에디는 공격적인 치타와 동일시하고 나는 엘크에게 공감하는 꼴이다. 그러나 '덤불에 숨어' 있었던 부상 당한 엘크에 대한 관심은 에디에게서 나온 것이었다. 그는 '이제 치타는 물을 다른 동물을 찾을 것이다'라고 말할 수도 있었다.

나는 이것을 해리에서 벗어나 공감적 자아로 가는 하나의 진전이라고 본다. 상담사는 당연히 놀이의 방향에 영향을 미치지 않기 위해 주의해야 하고, 놀이 중에 쌓이는 이러한 이분법적 긴장을 인식하고 견뎌내야 한다. 상담사는 아동이 다음 이야기의 흐름을 생각하고 결정하는 순간을 확인하고 기다려야 한다. 아이들 대부분이 놀이 과정이 앞으로 어떻게 진행될지 모른다는 것은 흥미롭다. 하나가 다른 것으로 이어지면서, 아이들은 모든 창작 과정의 조건인 이미지의 무의식적인 흐름에 의존하는 법을 배운다.

얼마 후 에디는 이 장면을 정리하고 병사들을 배치하기 시작했다. 공격하고 공격당하는 대결 구도가 다음 화두로 등장했다. 에디는 마치 이제 완전히 물 만난 물고기처럼 매우 정확하고 자랑스럽게 이 작업을 수행했다. 똑같이 강력한 두 군대가 서로 반대편에 서 있었다. 그는 대기실에서 자신을 기다리고 있는 아버지에게 이 장면을 보여주고 싶다고 했다. 우리의 첫 번째 세션이 끝났다. 나는 그 한 시간 동안 에디가 적어도 몇 가지 다른 치료 세션을 수행한 것처럼 느껴졌다. 가라앉는 배들과 전투를 위해 질서 있게 줄을 선 군대 사이에서 그는 상당한 자기 결정 능력을 획득했다.

부모는 에디가 치료 시작 후 첫 주에 새로운 사람 같아졌다고 보고했다. 그는 행복하고 활동적이며 의사소통이 잘 되었다. 형제자매들에게 그가 모래에서 놀았던 모든 것을 세세하게 이야기했다고 했다.

두 번째 세션

대기실 문을 열었을 때 마주한, 즐거운 기대와 의구심 사이 어딘가에 있는 듯한 그의 수줍은 미소는 감동스러웠다. 내가 아직 그의 어머니에게 인사를 하고 있던 찰나, 그는 벌써 나를 지나쳐 상담실로 들어갔다. 우리가 다시 만난 이 순간에 그의 정신-신체 시스템은 '전례 없는' 일이 오늘도 일어날 것을 직관했을 것이다. 즉, 그 자신도 아직 의식하지 못한 그의 내면의 법칙만을 따르는 것, 자신의 상상력을 따라가는 것, 외부 세계의 간섭 없이 공감적인 성인과 함께 자신의 균형을 찾는 것들이 허용될 것이다. 그가 나를 다시 보았을 때, 그의 눈에는 자신이 있는 그대로 존재할 수 있는 눈 앞의 기회에 대한 순수한 기쁨이 반짝이고 있었다. 마치 자신의 생애 첫 몇 달 동안 거의 박살이 났던 무언가를 따라잡는 데 그 한 시간을 사용할 수 있다는 것을 아는 것 같았다. 이 잠깐의 미소가 바로 감동을 줬다는 사실은 우리의 소통 방식이 정착했음을 보여주는 것이라고 믿는다. 마치 아기가 태어나서 처음으로 나에게 미소를 짓는 것을 마주한 것처럼 나의 정신-신체 시스템이 반응했다.

에디는 그날도 군인들과 놀고 싶어 했다. 그는 지난 세션에서 이미 두 군대를 모두 배치했었지만, 그것을 갖고 놀 시간이 부족했다. 그는 이전과 정확히 동일한 장면을 만들기를 원했지만, 지난번에 병사들을 어떻게 배치했는지 기억할 수 없었다. 다시 말해, 그는 더 이상 자신의 놀이 능력에 접근할 수 없을까 봐 두려웠다. 이것은 자신의 능력에 의지할 수 없는 해리 경향이 있는 아이들의 전형적인 모습이다. 어느 날은 암산이 가장 쉽다고 자부하기도 하지만, 그다음 날엔 마치 모든 것이 지워진 듯하다. 기억력과 다른 인지 능력은 매우 쉽게 방해를 받는다. 장기적인 관점에서 다양한 요인과 전반적인 기분이 이런 능력에 영향을 미친다. 이로 인해 에디는 동일한 패턴을 유지하기를 원했다. 아버지는 집에서 에디의 놀이가 단조롭다고 설명했다. 예를 들어, 다양한 높이에서 구슬을 떨어뜨리고 구슬이 얼마나 굴러가는지 관찰했다. 나는 에디가 지난 세션에서 사용했던 피규어를 찾도록 도와주었지만, 지난번과 완전히 똑같지는 않더라도 여전히 의미 있는 놀이가 될 수 있다는 메시지를 분명히 전달하려고 노력했다. 한편으로는 그의 우려를 받아들였고, 다른 한편으로는 그에게 자유롭고 보호된 공간이 있음을 확인해 주었다("모든 것이 너를 위해 여기 있고, 필요할 때마다 다시 사용할 수 있어. 아무도 네가 무엇인가에 적응해야 한다고 기대하지 않는단다"). 이는 그가 '지난번과 피규어가 완전히 똑같지 않더라도, 나는 여전히 그들에게 같은 감정을 가질 수 있다'는 생각을 할 수 있게 도와주었다. 그리고 그는 위협적인 우울감을 피하기 위해 반드시 특정한 대상이나 행동이 필요한 것은 아니라는 것을 직접 체험할 수 있었다. 결국 에디는 지난번과 동일한 병사 몇 개와 새로운 병사 몇 개를 가져왔다. 그는 두 군대를 배치하여 좋은 편과 나쁜 편으로 명확하게 정의하여 나에게 소개했다.

이전 세션에 비해 에디는 눈에 띄게 말이 많았다. 그러나 지난 세션의 기적이 반복되지 않을까 봐, 그리고 입양아들이 자주 경험하는 느낌인, 그가 얻은 좋은 모든 것이 눈앞에서 사라질까 봐 두려운 듯 다소 정신없이 바빴다.

모든 병사들을 배치하자, 유치해 보일지 모르는 일에 대해 사과하듯이 "집에서 이렇게 놀아요. 동생들이 총을 쏘면 나는 항상 이렇게 해요"라고 설명했다. 그는 한 병사에서 상대 병사로 이어지는 사격 선을 따라갔고, 그곳에서 상대 병사가 맞거나 부상을 입거나 죽었는지가 밝혀졌다. 젖은 모래로 양쪽에 요새를 세웠고 군인들은 일대일로 서로 싸우기 시작했다. 그는 엄청난 집중력과 노력으로 사격 선을 따라갔다.

지켜보는 것이 몹시 힘들 만큼 굉장한 장면이었다. 자유롭고 보호된 공간은 에디에게 깊은 퇴행을 허용했고, 점진적 장면들이 뒤따랐다. 그의 정서적 연령은 회기 동안 여러 번 바뀌었고, 그는 피규어와의 동일시와 상담사와의 관계를 활용하여 다양한 상황에서 자신을 시험해 볼 수 있었다. 이 장면이 끝날 무렵 많은 병사들이 양쪽에서 쓰러져 있었고, 그는 만족감에 빛나는 얼굴로 말했다. "좋은 사람들이 이겼다."

그는 또 다른 전쟁 장면을 만들고 싶었다. 그는 비슷한 방식으로 군대를 배치하였고, 비슷한 장면들이 반복되었다. 다시 한번 그의 노력을 볼 수 있었고 내 자신의 노력도 느낄 수 있었다. 시간은 천천히 흘러가며 영원히 지속될 것처럼 느껴졌다. 에디에게는 시간이 필요했기에 괜찮았다. 모래놀이가 끝날 무렵, 그는 지난번과 같은 안도감을 주는 결론을 얻었다. 좋은 사람들이 이겼다. 이러한 대결의 결과는 에디가 예측할 수 있던 것이 아니다. 그는 누가 이길지를 의식적으로 결정하지 않았다. 좋은 사람이 이기게 된 것이다. 에디에게 좋은 것과 나쁜 것을 분별하는 것이 중요했다는 것을 이 놀이를 통해 볼 수 있었다. 그리고 이 사실은 많은 공격적인 아동들이 그렇듯이, 그가 자신을 매우 나쁜 아이라고 인식하고 있었음을 의미한다.

이제 에디는 다른 장면을 만들고 싶다고 말했다. 그는 나무를 가져왔다. 두 개의 벌거벗은 나무와 초록색 나무들 몇 개, 호랑이 두 마리와 엘크 한 마리를 가져왔다. "첫 번째 세션에서 했던 주제이구나." 나는 속으로 생각했다. 그는 작은 흰 비둘기들을 발견하고는 아주 끈기 있게 나뭇가지 위에 올려 놓았다. 그런 다음 이야기가 시작되었다. 호랑이는 엘크를 붙잡아 땅에 던지고 먹기 시작했다. 엘크는 절뚝거리며 나무 뒤에 숨으면서 가까스로 탈출했다. 에디가 저를 올려다보았고, 나는 "호랑이가 엘크를 공격해서 엘크가 달아났네"라고 말했다. "맞아요." 그는 줄거리를 어떻게 이어갈지 숙고하는 영화감독처럼 대답했다. "호랑이가 물었어요." 그는 걱정과 연민이 담긴 목소리로 말했다. 조용히 내가 생각과 감정으로 엘크의 상처를 에디의 삶에 대해 내가 알고 있는 모든 것들과 관련지어 본 시도는 암묵적으로 어떤 분위기를 만들었다. 이는 정신의 장으로, 거기에는 그의 고통,

두려움, 분노, 무력감뿐만 아니라 자신을 구조할 수 있는 능력이 나의 지지를 받으며 함께 존재하고 있었다. 따라서 에디가 이것들을 더 의식적으로 경험할 수 있었다. 그는 과거의 상처를 처리하기 위해 그 순간에 가장 필요했던 감정을 갖고 내면의 공명에 들어갈 수 있었다.

나는 에디가 얼마나, 무엇을, 언제, 나와 공유하고 싶은지 나 그 여부에 대해서도 신호를 보낼 것이라고 믿었다. 에디가 지금처럼 놀이에서 극적인 장면을 묘사하고 그것에 감정적으로 흥미를 느끼는 한, 치유가 진행하고 있음을 안다. 상담사가 아동이 정의한 관계 양식을 받아들일 때, 아동은 자신도 몰랐던 감정을 공유할 수 있다. 그때까지 그 감정은 안절부절, 불안, 또는 마비 등의 형태로 아동을 압도해 왔을 수 있지만, 아동은 점차 그 감정을 구별하고 자신의 것으로 인식해 갈 것이다.

양어머니와의 대화

세 번째 세션을 시작하면서, 나는 동행한 에디의 어머니를 상담실로 초대하여 이야기를 나누었다. 에디는 어머니의 무릎에 앉았다. 나는 이미 에디의 상담 준비 단계에서 부모에게 자기 반영과 감정적 분화, 자기 조절 능력 및 현재의 갈등과 과거 트라우마의 처리 등을 위한 자유롭고 상징적인 놀이의 중요성에 대해 이야기했다. 어머니는 에디의 동생들이 에디보다 발달이 앞서고 그의 반복적인 놀이 습관에 지루할 때가 많다고 말했다. 동시에 에디는 그의 형제자매가 그의 레고 구조물에 접근하기라도 하면 화를 내고 폭력적이 된다고 했다. 나는 부모에게 에디가 자신만의 장난감을 사용할 수 있는 자신만의 놀이 코너를 갖는 것이 중요하다고 말했다. 그러나 이것은 그들의 실제 가정에서 실현되기 어려운 것으로 판명되었다. 에디는 그의 형제들이 항상 모든 것을 '부수고 파괴'한다고 불평했지만, 그의 어머니는 그들이 그의 레고 구조물을 가끔 분해했다고 설명했다. 에디가 창조와 파괴, 재창조와 재파괴의 연속성을 보는 것이 어렵다는 것이 분명했다. 트라우마를 겪은 많은 사람들이 흔히 그렇듯이 그는 파괴를 최종적인 것으로 인식했다. 에디 앞에서 나는 그의 부모에게 그의 형제들의 행동은 에디에게 파괴와 황폐화처럼 느껴지기에 이것을 바꿀 방법을 찾아야 한다고 말했다.

　에디는 또한 오후 수업을 위해 학교로 돌아가고 싶지 않기에 분노할 것이다. 놀이 시간을 잃는 것은 그에게 완전한 공포였다. 사실 그렇다. 그 당시 에디에게 상징 놀이는 새로운 경험을 하는 주요 방법이었다. 반면에 그의 부모는 너무 어린애 같은 놀이를 하면 열 살짜리 아이가 위축될까 봐 걱정했다. 감정 카드를 사용하여 우리는 에디와 그의 어머니가 숙제 문제에 대해 어떻게 느끼는 함께 탐색했다. 그는 분노와 위축되는 경향을 느꼈고, 그녀는 혼란스럽고 무력하며 화가 났다. 그녀는 더 명랑해지고 싶었고 그는 더 차분하고 자신감이 넘치고 싶어 했다. 에디를 무릎에 앉힌 어머니는 에디가 그녀의 질문에 대꾸하지 않자 그가 듣고 있는지를 나에게 물었다. 우리는 방금 그의 숙제에 대한 어려움에 대해 이야기하고 있었다. 나는 에디가 대답을 안 해도 듣고 있을 것이라고 생각한다고 했고, 직접 물어보기를 제안했다. "맞아요." 그가 대답했다. 그는 듣고 있었다. 왜 그는 어머니의 질문에 대답하지 않았는지 물었다. "제가 원하지 않으니까요." 이것은 새로운 표현이었고 결단력이 있는 단계였다. 아마도 생애 처음으로 에디는 자신이 무언가를 원하지 않는다고 화내지 않고 말로 표현했던 것이리라. 이것은 매우 유용한 대화로 이어졌다. 에디가 침묵하면 어머니는 자기 말을 듣지 않았다고 여긴다고 나는 그에게 설명할 수 있었다. 반면에 그가 원하지 않는다고 말하면 그녀는 이해하고 화를 내지 않을 것이라고 했다. 그는 우리에게 미소를 지었다. 듣지 않는 경향은 종종 아이들이 정신의 생존을 위해 어린 시절에 발달시킨 해리 상태와 관련이 있다. 현재 에디의 경우에는, 듣지 않는 것은 수동적 저항을 의미했다. 그는 들은 내용을 아주 잘 이해했지만, 그 내용을 원하지 않는다고 분명히 말할 수 없었다. 어머니에게 이것은 에디를 더 잘 이해하기 위한 중요한 단계였다. 그녀는 이제 더 정확한 질문을 할 수 있다. "얘야, 듣고 있어? 혹시 듣고 싶지 않아?"

세 번째-다섯 번째 세션

세 번째 세션밖에 되지 않았는데 벌써 완전히 새로운 변형이 시작되었다. 에디는 집들을 가져와 꼼꼼하고 신중하게 모래에 배치했다. 그는 도로들을 건설했고, 서로 분리되었지만 고립되지 않은 여러 영역들을 만들었다. 예를 들어 함께 스케이트 링크에서 노는 가족을 포함하여, 함께 여가 시간을 보내는 사람들(대부분 가족)의 장면이 최소 다섯 개는 있었다. 전체 이미지의 유기적 구성, 세부 묘사, 특히 아이스 스케이팅은 나에게 화가 피터 브뤼겔의 겨울 작품을 연상시켰다. 더 오래 볼수록 더 많은 장면을 발견할 수 있었고, 모두 서로 관련이 있지만 각각의 고유한 내러티브가 있었다. 에디는 서로 다른 관계 경험과 감정 상태를 하나씩 성공적으로 분류하고 있는 것처럼 보였다. 모든 장면이 길과 거리로 연결되어 있었지만, 감옥은 예외였다. 에디는 감옥에는 무언가를 훔친 두 남자가 있다고 했다. 감옥은 꽤 넓었다. 나는 에디가 그 두 남자를 두려워한다는 인상을 받았다. 나도 갑자기 메스꺼움이 느껴져 "그들은 정말 나쁜 이들인 것 같네."라고 말했다. 두려움과 관련된 모든 것을 해를 일으킬 수 없는 공간으로 일시적으로 가둘 수 있었다는 것에서 에디가 안도하고 있음을 표정을 통해 볼 수 있었다. 이 장면의 바로 상단에는 성이 있었다. 에디는 그 성에 아이를 품에 안은 아버지와 어머니가 살고 있다고 설명했다. 구급차가 성 옆에 서 있었다. 에디는 판타지 형태의 인간과 동물 피규어만을 사용했다. 발달 단계적 관점에서 이런 피규어 종류는 5세에서 9세 사이의 마술적 단계에 해당한다.

    에디에게 이번 모래 상자는 입양 가족과 함께하는 자신

의 긍정적인 삶의 경험을 통합하는 것, 서로 다른 내적 영역들과 감정 상태들 사이의 관계를 만드는 것, 자율성과 움직임(자동차)에 관한 것이었을 것이다. 자동차는 조용하고 안정적으로 운행되었다(다음 세션에서 사고들과 구조 작업이 있었다). 이 상자에서 그가 위험이 없는 관계들과 길들을 구축하고 탐색하고 인식하고 지나갔다는 것에 중요한 의의가 있었다.

네 번째 세션은 지금까지 달성한 모든 것에 대한 요약과 다음 단계에 대한 미리 보기 같았다. 모래 상자는 두 개의 큰 영역으로 나뉘었다. 좌측은 물과 배(첫 번째 세션의 놀이와 연관되어 있음), 우측에는 집, 도로, 자동차와 사람이 있는 마른 땅이었다. 그는 다시 감옥을 세웠다. 이후의 많은 세션에서도 이런 장면을 만들었다. 이러한 장면은 육지와 물의 두 영역을 결합하려는 명확한 시도였다. 항구와 부두가 추가되어 배가 정박할 수 있었고, 세션이 끝날 무렵에는 '사람들이 먹을 것을 구할 수 있도록' 항구에 식당까지 추가되었다. 세션마다 장면의 절반은 이전 세션의 놀이가 다소 반복되었다. 집과 사람, 연결된 도로들이 있었다. 때때로 자동차가 커브 길에서 고장났지만, 그 자리에 매우 빠르게 도착한 정비사에 의해서 수리되었다.

'감옥에 갇힌 나쁜 남자'라는 주제는 이후 세션에서도 계속 반복되었다. 남자들은 탈출을 시도하여 사람들을 죽이려고 할 것 같았다. 한번은 어머니인 한 여성이 총에 맞았고 남자들은 다시 감옥으로 보내졌다. 그들 중 몇몇은 '좋아졌고', 다른 일부는 여전히 '나빴다'. 에디는 이 장면을 다룰 때 거의 진땀을 흘렸다. 내가 이 모든 것을 보고 따라가며 이해하는 것이 그에게 중요했다. 나는 에디가 의식적으로 인식하지는 않았지만, 그의 신체 기억에 저장된 사건, 즉 잔인한 폭력과 그의 생명에 대한 위협을 처리하고 있다고 가정했다. 이 기간 동안 그의 부모는 에디의 분노 발작과 해리 빈도가 줄었고 더 명랑해졌다고 보고했다.

다섯 번째 세션에서 에디는 자발적으로 의미 있는 것을 보여주었다. "저 큰 공룡이 여기 이 공룡의 아버지예요." 그가 나에게 설명하고 싶었던 것이 정확히 두 인물 사이의 가족 관계(아버지와 아들)라는 사실은 그의 정신에서 대화적 차원(두 인물이 소통할 수 있음)을 활성화하기 위한 기본 조건이 충족되었다는 것을 보여주었다. 이 주제는 또한 그의 나이에 적절했다. 10세 소년은 자신의 남성 정체성을 더 명확하게 인식하고 아버지의 역할 모델을 따르려고 노력하고, 세상의 부성 원칙을 이해하려고 노력한다. 그의 상당히 외상적인 초기 경험에도 불구하고, 에디는 생리적으로나 심리적으로 다음 발달 수준에 도달하기 위해 필요한 요소에 집중하고 있음이 분명했다. 한 세션에서 내가 주의가 산만해지자 '선생님, 이것을 적지 않으세요?'라고 말한 적이 있다.

한 달 반 정도에 해당하는 다섯 번의 세션 후 부모에게 에디가 집에서 어떤지 물었고, 부모는 에디의 행동 변화에 대해서 알려주었다. 그는 부모를 하루에 여러 번 껴안고 안아

달라고 요청하고 있었다. 에디는 동생들과 더 자주 놀았는데, 그 이유는 그의 놀이 제안이 동생들에게 더 흥미로워졌기 때문도 있었다. 그는 숙제에 더 많은 의욕을 보였다. 지난주에 그는 한 번만 통제력을 잃고 공격적이었고, 다시 진정하는 데 걸리는 시간이 짧아 온 가족이 놀랐다.

에디의 변화는 이렇게 여러 행동에 걸쳐 나타났다. 그러나 근본적인 공통점은 에디가 자신의 신체적, 정서적 필요를 더 의식적으로 인식하게 되었고, 어른들이 이러한 필요를 알면 부분적으로라도 충족시켜 줄 것이라는 사실에 의지하는 법을 배웠다는 것이다. 에디의 치료는 1년 동안 계속되었고, 사회적 행동이 개선되었음이 그의 가족과 교사, 그리고 다른 학생들에 의해 확인되었다. 세션 중 나의 구두 개입은 내가 여기서 설명한 범위를 벗어나지 않았다. 에디가 강한 감정을 보일 때 내가 장면을 제대로 보고 이해했다는 것을 확실하게 전달했고, 이미지에서의 행동이나 사건을 말로 표현했다. 에디는 전혀 지루해하지 않았고, 무엇을 해야 할지 늘 확신했다. 자유롭고 상징적인 놀이에 대한 그의 욕구가 얼마나 컸는지를 알 수 있는 부분이다. 한편, 에디는 이제 자신을 더 잘 표현할 수 있게 되었기 때문에 인지 수준의 발달 결함이 더욱 분명하게 드러났다. 포이어스타인Feuerstein 방법을 사용하는 교사와의 개별 세션을 추천했고 에디가 기꺼이 수락했다. 에디의 치료는 계속되었고 곧 언어로 대화하는 상담이 더욱 중요해지는 단계로 나아갔다.

제4장

표현
모래작업
프로젝트

Expressive Sandwork

영혼soul은 단지 우리 안에 숨겨져 있는 것이 아니라, 사람들 '사이 between'에 존재하며 '성장develop'해가는 것일지도 모른다.

이론적 배경

우리 인간은 사회적 존재이며 몸과 마음의 평형 상태를 유지하기 위해 서로를 필요로 한다. 정확하게 말하자면 영혼 soul은 단지 우리 안에 숨겨져 있는 것이 아니라, 사람들 '사이 between'에 존재하며 '성장 develop'해가는 것일지도 모른다.

다음에 소개할 표현 모래작업 방식은 이런 사람들 사이의 보이지 않는 끈과 관련이 있다. 지난 15년 동안, 다양한 직업적 배경을 가진 자원봉사자 참가자들이 표현 모래작업을 방치, 폭력 및 학대로 고통받는 아동을 위한 효과적인 심리사회적 지원 도구로 발달시켜 왔다. 표현 모래작업은 중국과 루마니아 고아원, 아프리카와 라틴 아메리카의 임시 정착촌, 말레이시아, 독일, 우크라이나의 난민 수용소 등 심리치료가 거의 불가능한 세계 곳곳에서 제공된다.

힐만은 '거울에서 창문으로 : 나르시시즘의 정신분석 치료'에서 이제 정신분석이 사회 문제를 다룰 때라고 주장하였다(Hillman, From Mirror to Window: Curing Psychoanalysis of its Narcissism, 1989). 힐만은 분석가와 환자들이 거울 앞에서 그들 자신에 대한 충분한 시간을 보내는 동안, 주변에는 그들의 도움이 필요한 사회가 기다리고 있다고 강조한다. 오늘날 정황에 맞추어 힐만의 주장을 재고해 보면, 이제 거울에서 창으로뿐만 아니라 창에서 문으로 이동하는 것이 필요하다고 할 수 있다. 전 세계의 많은 심리상담사들은 세계적인 이주 현상에 직면하여 개인 치료실의 개방이나, 치료적 조치와 이론적 개념의 재고에 대한 준비를 하고 있다. 이것은 정신 분석 치료를 받을 여유가 없는 사람들에게 무료 치료 세션을 제공해야 한다는 프로이트의 생각을 떠올리게 한다.

정신분석의 이러한 사회적 비전은 나치 정권에 의해 폐지될 때까지 1920년에서 1933년 사이에 운영되었던 비엔나와 베를린의 무료 진료소들의 설립으로 실현된 적이 있다. 거의 100년이 지난 지금, 상당히 변한 세상에서 표현 모래 작업은 이 비전에 대한 소정의 기여를 하고 있다. 지난 100년 동안 심리학과 정신분석의 중요한 공헌은 우리가 현실을 인식하고 주변에 보이지 않는 채 남아 있던 것들을 발견하는 능력을 확장하도록 해주었다는 것이다. 또한, 우리의 정신이 개인적 무의식individual unconscious과 집단 무의식collective unconscious의 경험을 통합하도록 도와주었다. 이러한 발전은 개인적 의식individual consciousness에 영향을 미쳐, 최근에는 '집단의식the collective consciousness'이라는 새로운 수준의 경험이 나타나고 있다. 이것은 우리의 개인적 의식이 우리는 우리에게 영향을 미치는 집단의 일부이며, 우리의 사소한 행동 역시 집단에게 영향을 끼친다는 것을 깨달았다는 것을 의미한다. 우리 각자는 개인적 의식이면서 체계의 일부이다. 7나는 표현 모래작업이 인간의 '돌봄적인' 환경에서 기원한 '집단의식' 활성화된 표현이라고 본다.

표현 모래작업은 외상 경험의 처리를 중점으로 하는 범문화적이고 비언어적인 접근이다. 이는 아동과 청소년의 자가 치유 능력을 신뢰하고 놀이를 말로 표현하거나 해석하는 것을 자제한다. 이러한 관점에서 이 방법은 언어 장벽에 의해 제한되지 않는 효과적인 심리 치료 도구이다. 이 접근은 모래상자와 다양한 재료 및 피규어를 통해 정신의 내적 경험을 시각화하고 외상 경험을 창조적으로 처리한다.

표현 모래작업의 효과는 세 개의 기둥에 달려 있다. 첫 번째는 아동이 자신의 내면 세계를 모래에 만들면서 활성화되는 상징의 기능이다. 두 번째는 아동과 성인 조력자 사이의 라포로, 이는 세션이 진행하는 동안 발전해 가며 아동의 초기 관계를 회복한다. 세 번째는 여러 아동과 성인의 일대일 쌍을 연금술 용기처럼 담아주는 전체 그룹이다.

---

7   Expressive Sandwork: An Experience Working with Columbian Vulnerable Population, by Eva Pattis Zoja and Eduardo Carvallo, IAAP-Congress in Copenhagen 2013.

표현 모래작업은 심리적 현상의 목적론적 관점에 대한 다음의 두 가지 이론적 전제를 통합한다.

1. 칼 융의 이론에 영향을 받은 정신의 '자기 조절 경향'이라는 개념이다. 정신은 정서가 담긴 이미지를 자발적으로 계속 생성하고, 이 전체 이미지들은 정신적, 정서적 불균형에 대응하기 위한 목적을 갖고 처리된다. 우리 성인들은 꿈을 통해, 아동은 상상력이 풍부한 놀이를 통해 이러한 시각적 처리를 경험한다.

2. 존 볼비(John Bowlby, 1969)는 다른 사람들과의 관계에 대한 내적 작동 모델을 발달시키기 위해서는 어머니와 자녀 사이의 '초기 관계'가 절대적으로 중요함을 주장한다.

정신이 '스스로를 조절'할 수 있다는 것이 사실이라면, 포유동물로서 우리의 생물학적 필요에 따라, 이런 조절은 애착과 관계를 중심으로 이루어질 것이다. 우리는 성장하기 위해 다른 사람들이 필요하다. 우리는 또한 '성장'과 '관계'가 인간 존재의 두 가지 큰 동기 요소라고 주장한다. 이것은 표현 모래작업의 효과에 관한 핵심 요소이다. 표현 모래작업은 그룹으로 진행된다. 어린이와 어른들이 큰 치료실을 공유한다는 사실은 안정감을 주고(예: 두려움 감소) 탐색 놀이를 촉진한다. 예를 들어, 매우 억제하는 경향의 아동은 처음 몇 세션 동안 다른 아이들을 관찰할 수 있다. 그룹은 아동에게 다른 기대를 하지 않는다는 비언어적인 메시지를 준다. 아동은 외부의 '안전한 장소'를 경험하면서 점차 내부의 '안전한 장소'를 만들고, 이로써 정신의 자기 조절 과정과 트라우마 처리를 위한 전제 조건이 마련된다.

가령 전쟁이 일어났던 지역의 집단적 트라우마는 그룹 구조를 활용했을 때 가장 효과적으로 치유된다. 한 예로, 콜롬비아에서 지속된 50년간의 정부군, 불법 무장 단체, 게릴라군 간 무력 분쟁 중에 한 마을 공동체 주민들이 학살되었다. 생존자들은 개인 정신의 중심부까지 손상을 입었고, 그 마을 공동체의 '집단적 영혼'도 손상 입었다. 공생에 대한 개인들의 신뢰가 깨진 것이다. 이 공동체 아이들의 모래놀이에서 전체 공동체의 치유 과정이 어떻게 묘사되는지 반복해서 보게 될 것이다. 처음에는 '파괴'를, 다음에는 마치 아이들도 의식ritual이 중요하다는 것을 아는 듯이, 집단적인 식사와 축제를 통한 '치유'를 만든다.

우리는 외상 경험을 우리가 심리적으로 처리할 수 있는 범위를 넘어서는 무언가로 여기는 경향이 있다. 개인의 정신은 앞으로 일어날 수 있는 비슷한 손상으로부터 개인을 보호하기 위해 세상을 인식하는 관점을 다시 생성한다(예: 무관심). 개인은 그때부터 인간관계나 정서적 관여가 있는 활동에 대해서는 의욕이 낮아진 삶을 살아간다. 새로운 경험에 대한 선택을 극도로 줄이고, 자기효능감이 시험받을 수 있는 상황은 피하려고 한다. 이런 아동은 치유에 도움이 되는 상상 놀이를 피하려고 하면서 악순환이 만들어진다.

이러한 모든 도전에도 불구하고, 정신은 새로운 관계 경험을 해보려고 끊임없이 준비하는 특징이 있다. 즉, 우리는 사회적 존재이기 때문에 '타자'를 끊임없이 찾는 내면의 깊은 동력이 있다. 표현 모래작업은 애착을 지향하는 정신의 자기 조절 기능을 활성화한다. 아이들은 아무런 지시 없이 모래상자에서 놀고, 두 달 정도가 지나면, 그들의 사회적 능력은 부모나 교사들의 눈에 띄게 향상된다. 아무도 그들에게 자신감을 얻는 방법을 가르치지 않았고, 아무도 그들에게 장난감을 훔치는 것보다 협력하는 것이 낫다고 가르치지 않았다. 그들은 이것을 어디서 배웠을까? 조력자와 함께 모래상자에서 자신의 놀이를 하는 동안 배웠다. 단지 최소 3개월 동안 일정하게 유지되어야 하는 세 가지 요소가 있었다. 즉, 상상 놀이의 제공, 한 어른의 지속적인 동행, 그리고 전체 그룹이다.

구체적인 세션 상황은 다음과 같다. 여러 아이들과 어른들이 큰 집단실에 모여 있다. 아이들은 각각 모래상자에 앉거나 서서 자신만의 세계를 만들기에 바쁘고, 어른들은 각각 모래상자 옆에 앉아 있다. 집단실은 조용하다. 방 한가운데에는 사람, 동물, 집, 자동차, 나무, 조개, 구슬 등 카테고리별로 분류된 수많은 피규어들과 물건들이 놓여 있다. 아이들은 놀이재료와 모래상자 사이를 오가며 작은 동물, 군인, 빌딩 블록 또는 장난감 자동차를 가져오는 것을 반복한다. 아이들은 서로를 방해하지 않고 모두 각자의 상상에 몰두한다. 모래상자 옆에 앉은 어른들 중 몇몇은 너무 조용해서 거의 알아차리지 못할 수도 있다. 하지만 자세히 들여다보면 가끔 그들의 표정이 예기치 않게 변하면서 깊은 관여를 하고 있음을 보여준다. 세션 동안 각 아동과 어른 사이에 매우 특별한 정신의 공간이 만들어진다. 대화할 때는 다른 사람에게 방해가 되지 않는 수준에서만 한다. 대부분의 의사소통은 신체 언어, 특히 눈 맞춤으로 이루어진다. 12~20회의 세션이 매주 한 번씩 제공되며, 각 세션은 1시간 동안 진행된다. 다른 아이들이 계속 놀이하고 있는 동안에도 원한다면 일찍 끝내고 집단실에서 나갈 수 있다.

자, 심리상담 분야의 전문적인 훈련을 받지 않은 어른들이 무엇을 하는가? 더 중요한 것을 말하자면, 그들은 무엇을 하지 않는가? 그들은 질문하지 않으며 논평하지 않는다. 그들은 놀이 순서에서 무슨 일이 일어나고 있는지, 그것이 아이에게 어떤 정서적 영향을 미치고 있는지, 그리고 자신에게 어떤 영향을 미치는지 관찰하려고 노력한다. 물론 놀이 내용의 변화도 알아차린다. 과거 여러 세션이 모래놀이에서 대립과 싸움으로 점철되었다면 그 어른 조력자는 다음 세션이 시작되기 전에 "또 시작이네..."라고 생각할 수 있다. 하지만 군인 대신, 심판, 골대 두 개, 축구 선수들을 모래상자로 가져가는 아이를 본다면 깜짝 놀랄 것이다. 그녀는 갈등이 새로운 차원으로 이동한 것으로 보이는 것을 정신적으로 주목할 뿐만 아니라, 세션마다 전쟁터에 있는 자신을 발견했기 때문에 깊은 안도의 한숨을 내쉴 수도 있다.

하지만 이 놀이가 애착 문제와 어떤 관련이 있을까? 여기에서 예를 들어 설명해 보겠다. 어린 시절부터 불안-회피 애착을 보인 한 남자아이에게 표현 모래작업를 할 수 있는 기회가 주어졌다. 우선, 아이는 모든 놀이재료와 자신만의 모래상자를 갖게 된 것에 매우 기뻐한다. 하지만 그는 '패키지의 일부'처럼 보이는 이 공감 능력이 뛰어난 어른에 대해 어떻게 생각해야 할지 모르겠다. "저 여자는 그냥 날 내버려 둬야 해요."라고 아이의 몸짓이 말하는 것 같다. 첫 번째 세션에서 아이는 어른에게 등을 돌리고 놀기 시작할 수 있다. 모래상자 안에는 이러한 회피 욕구가 놀이 피규어들로 표현되어 있는 한편, 애착에 대한 욕구도 매우 조심스럽게 묘사되어 있다. 아이는 이 애착을 천천히 신중하게 테스트할 필요가 있다. 아이는 어미 돼지와 새끼 돼지, 어미 말과 망아지, 그리고 이를 지켜보며 보호하는 것처럼 보이는 유아와 개를 모래에 놓을 수 있다. 놀이하는 동안 아이들은 '자신이 무언가에 영향을 미치는 것'에 몰두하며, 종종 그들의 적대적인 환경의 현실에서는 결코 해낼 수 없었던 것들을 해낸다. 이를 통해 자신과 세상에 대한 자신감을 키울 수 있다. 그리고 놀이를 하다가 어느 순간 무심코 어른을 향해 시선을 던진다. "저 사람이 내가 하는 것을 실제로 보고 있는 거야?" 그리고 잠시 후, 거의 부지불식간에 다시 한번 말한다. "아, 이제 내가 오랫동안 작업해 온 터널이 무너졌구나!" 어른은 아이의 터널이 무너지는 장면을 지켜보면서 그 경험을 공유했다. 점차 어른의 존재는 그 순간에 아이에게 필요한 강도로 감정적으로 '사용'된다. 아이는 애착을 테스트하고 싶은 수준을 놀이의 상징적 수준 또는 구체적인 수준으로 조절할 수 있다. 두 수준이 서로를 자극하며 진행되는 것을 지켜볼 수 있다. 어른이 함께 있기 때문에 놀이가 더 강렬해지고, 놀이가 더 강렬하고 정서적으로 도전적으로 되면서 아이는 어른에게 더 밀착한다. 아이는 어른을 더 자주 바라보고, 놀이는 더 차별화되며, 유아기의 건강한 조율처럼 공유된 경험은 더 강해진다. 양측이 함께 언어 발달 이전의 '공생'을 활성화된 형태로 형성한다. 그리고 볼비(1969)의 관점에서, 일부 아동은 '이전에 경험해 본 적이 없는' 완전히 새로운 형태의 공생이 새로운 내적 작동 모델로 정신에 자리 잡게 된다.

표현 모래작업은 이 과정이 유아기부터 사춘기에 걸쳐 가능함을 무수히 많은 사례를 통해 보여준다. 아동이 이런 방식으로 충분한 기간 동안 그리고 규칙적으로 놀이할 수만 있다면 모든 건강한 발달 단계가 놀이 속에서 자연스럽게 재현될 것이다.

이러한 단계들은 먹이기, 먹기, 돌보기, 놀기의 놀이 순서와 친구를 찾고, 싸우고, 정복하고, 소유하고, 공유하는 등의 활동을 통해 반복해서 보여진다. 내면에 풍부한 경험과 감정이 형성되고, 이를 바탕으로 아이들은 트라우마 경험에 과감히 맞설 수 있다. 아이의 정신은 적절한 시기가 언제인지 스스로 알고 있다.

애착 이론과 관련하여 다음의 의문이 들 수 있다. 생애 초기에 습득한 관계 모델이 어떻게 상상 놀이를 통해 바뀔 수 있을까? 아동의 정신은 정말 생애 가장 초기에 형성한 애착 형태에 대한 대안을 만들어 낼 수 있을까?

위니콧(D. Winnicott, 1971)의 중간 대상transitional object에 대한 설명이 이 질문에 대답하기 위한 유용한 자료를 제공한다. 어린 아이에게 애착 담요는 언어 이전 단계의 기능적 대화 파트너이며 관계 기능을 표현하는 것이다.

또한 지난 20년 동안 포유류의 놀이 행동을 연구한 판크셉(Panksepp, 1998)이 제시한 개념도 유익하다. 판크셉은 놀이가 감정 조절 기능을 넘어서 사회적 능력 발달을 주요 목적으로 한다고 주장했다. 그의 실험에서 놀이 경험이 박탈된 쥐는 전반적인 발달 결함을 보였는데 그중에서 사회적 무능력이 특히 두드러졌다. 따라서 놀이 체계의 주요 기능 중 하나가 대인관계 학습이라는 것을 알 수 있다. 판크셉은 동물과 아동의 거칠고 구르는 활달한 성격의 놀이만을 연구했다. 그러나 인간의 뇌는 상징적 기관(그의 표현을 빌리자면)이고, 인간은 문화적 존재이기 때문에, 인간관계를 학습하고 관계의 결핍을 보충하는 통로는 은유적, 상상적, 상징적 차원에서 정밀하게 일어난다고 해도 과언이 아니다. 아동에게 그 차원은 놀이이다.

다행히 우리 인간은 콘라드 로렌츠의 거위처럼 돌이킬 수 없는 생물학적 각인에 갇혀 있지 않다. 우리는 사물을 '비유적으로' 표현하고 경험할 수 있기에 어린 시절에 우리에게 각인된 것을 '정밀하게' 바꿀 수 있다. 정신의 상징 생성 기능은 지금까지 성공적이지 못했던 것을 정확하게 성취하려고 지속적으로 그리고 자율적으로 시도하기 때문에, 불운했던 일차적 초기 관계는 '회복'될 수 있다. 이것은 어린 시절의 놀이를 통해 자발적으로 발생한다. 그러나 놀이만으로는 충분하지 않으며, 관계를 제공하는 것만으로도 충분하지 않다. 둘 다 필요하다. 이 과정에서 놀이는 내용, 속도 및 박자를 정의하며 방향을 제시한다. 세심한 관계의 제공은 아동이 스스로 이 관계를 추구하는 순간에 치유 효과를 발휘하며, 나머지 시간은 그 정확한 순간들을 기다리는 데 사용된다.

요컨대, 표현 모래작업은 수많은 하부 구조를 가진 시스템이라고 할 수 있다. 다음 예는 이 시스템을 아동이 모래상자에서 어떻게 표현할 수 있는지 보여준다. 이 모래 이미지를 만든 아동은 14세 소녀였고, 그 표현 모래작업의 주요 주제는 양육과 보살핌이었다. 유모차에 탄 아기를 돌보는 간호사와 의사들을 볼 수 있다. 원탁 한가운데 우유병이 정성스럽게 놓여 있었다. 간호사와 아기 짝의 개수는 표현 모래작업 프로젝트에 참여하는 아동과 성인 쌍의 개수와 정확히 일치했다. 원탁 중앙에 만다라 같은 형태의 상징적인 내용물과 사실적으로 세밀하게 묘사된 그룹의 역동성은, 모든 개인이 자신의 자리를 찾을 것이며 보살핌과 존중을 받을 것이라는 깊은 신뢰를 보여준다. 열두 쌍은 안전한 용기를 형성한다. 이러한 그룹에서 공명하는 에너지는 배가되어, 아동과 성인 참여자 모두의 정신-신체 시스템을 자극하는 효과가 있다.

아동이 엄마의 보살핌을 주제로 놀이하는 것은 보상적인 행위가 아니다. 즉, 아동이 그러한 돌봄을 적게 받았기 때문에 그런 놀이를 하는 것이 아니다. 그것은 아동의 정신 자체에서 돌보는 기능이 활성화되는 표현이다. 신경과학자 자크

판크셉(Jaak Panksepp,1998)의 개념을 사용하여 설명하자면, 신경 체계 수준의 생물학적 동기 부여 시스템 중에서 아동의 '돌봄care' 시스템이 켜져 있다고 말할 수 있다. 그리고 이것은 아동의 심리적 건강에 영향을 미친다. 자연에 대한 묘사, 동물들 사이의 조화로운 어울림, 서로를 돌보는 사람들의 이미지도 심리적 회복에 영향을 미친다.

세션 동안 조력자와 아동 사이에 '심리적 공간'이 형성되어 주변 환경으로부터 그들을 어느 정도 보호한다. 집단 치료실, 모래상자, 조력자 등 요소의 일관성은 전체 과정에서 신뢰할 수 있는 분위기를 조성하는 데 필수적이다. 느리지만 확실하게 두 사람 사이에, 그리고, 또 다른 차원에서는 이 과정에 참여하는 모든 사람들 사이에 연결 다리가 형성된다. 놀이재료들과 모래 상자들을 적절하게 설치할 수 있도록 넓은 공간이 필요하다. 아이들은 동일한 자원봉사 조력자와 매주 한 시간씩 최소 12번의 세션을 진행한다. 이 과정에서 눈에 보이는 부분 외에도 앞서 설명한 조력자와 아동 간의 애착 발달이라는 더 친밀하고 보이지 않는 과정도 있다. 이 관계적인 능력은 타인과 연결되는 의식의 공간을 되찾고 활성화하려는 깊지만 무시되었던 욕구에서 비롯했을 것이다.

다음은 루마니아의 표현 모래작업 프로젝트에서 그룹 리더 역할을 맡았던 한 초등학교 교사의 이야기이다.

'이 프로젝트 기간 동안 나는 전체 그룹을 위한 리더 역할만 하겠구나. 다른 조력자들은 아동과 작업하는데 아쉽다.'라고 생각했습니다. 하지만 예상과 달리 제 역할에 만족했습니다. 저는 신체적으로, 지적으로, 정서적으로 완전히 전적으로 몰입할 수 있었습니다. 제 눈과 마음으로 어른-아이 짝을 보았고, 이해하는 데 시간이 걸렸던 감정으로 벅찼습니다. 저는 이 짝들과 함께 성장했습니다. 결코 쉽지는 않았습니다. 며칠 연속으로 모래를 파는 꿈도 꾸었습니다. 피곤하거나 감기 증상으로 몸을 떨었던 적도 있는데, 그때는 프로젝트가 어느 정도 중반에 접어들었던 시기였습니다. 한 세션 도중 분위기가 무거웠고, 팔과 어깨가 아팠습니다. 누군가 모래를 두들기는 소리가 들려왔습니다. 귓가에 그 소리 하나만 맴돌았습니다. 제 온몸이 아팠습니다. 아마 같이 있던 아이들도 비슷한 고통을 느꼈을 것입니다. 조력자들의 얼굴을 들여다보니, 그들도 고통을 느끼고 있습니다. 우리는 모두 함께 이 고통을 느낄 수 있었습니다. 세션이 끝날 무렵, 모래를 두들기던 아이가 나를 올려다보았습니다. 그의 평화로운 얼굴을 보면서, 저는 그가 자신의 모든 고통을 모래 속에 맡겼음을 이해할 수 있었습니다.

참여 아동

지역 공동체의 책임 있는 자리에 있는 사람들이 표현 모래작업에 참여할 아동을 선정한다. 이들은 대부분 학교 교사, 지역 주민을 위해 일하는(정부 또는 비정부기관의) 사회복지사 또는 교회 공동체와 연관이 있는 사람들이다. 우리는 참여 아동을 선정하는 특정 기준을 정하지 않도록 주의한다. '모래와 노는 것'를 좋아하는 아이라면 누구나 참여할 수 있다. 공식적인 선발 절차 없음에도, 지역사회 책임자들이 직관과 상식에 따라 선정하는 것을 볼 수 있다. 대체적으로 이질성을 갖추는 것에 중점을 둔다. 이에 따라 강하고 건강한 아동이 심각한 상황에 있는 아동 옆에서 놀이를 하게 되어, 강렬한 집단 역동의 효과가 나타나도록 한다. 물리학의 비유를 사용하자면, 공명을 통해 그룹 내 개인들(아동과 성인)의 진동이 결합하여 '그룹 진동'을 만들어 내고, 이는 다시 조화를 이루어간다. 아동은 세션마다 '자신만의 어른'이 있기 때문에 몇 가지 규칙을 쉽게 따를 수 있다. 규칙에는 '조용히 놀이하기, 말해야 할 때는 자기의 조력자에게만 말하기, 다른 사람을 방해하지 않기, 모래상자 밖으로 모래를 뿌리지 않기'가 있다.

놀이재료

또 다른 중요한 문제는 놀이재료의 선택이다. 트라우마 경험을 처리할 수 있도록 충분히 넓은 범위를 제공해야 한다. 따라서 탱크, 군인, 무기와 같은 전쟁 물자와 폭력과 위험을 상징하는 인물도 있어야 한다. 가치관도 고려해야 하는 점이다. 특히 다양한 종교적 성향의 참여자들이 있는 경우에 상징적인 물건과 피규어는 초월적 존재들을 가치 중립적으로 묘사할 수 있는 것이어야 한다. 제공되는 재료는 자연 소재나 나사, 못, 레일과 같은 소형 부품부터, 여러 종류의 인물 피규어까지 다양하다. 또한 온갖 종류의 동물, 식물, 자동차, 비행기, 배, 선박도 포함한다. 모래놀이치료에서와 같이 아동의 경험 지평에 상응하는 가능한 한 넓은 스펙트럼을 제공하는 것을 목표로 한다. 그러나 모래놀이치료처럼 여러 피규어를 갖출 필요는 없다. 대신, 아이들이 매 세션마다 자신의 이미지를 만드는데 필요한 동일한 재료를 찾을 수 있도록 '동일한 재료가 충분'해야한다.

자원봉사자: 조력자

자원봉사자인 조력자는 각 프로젝트를 시작할 때 광범위한 선발 절차를 거친다. 교사, 사회복지사, 연금 수급자, 예술가, 학생, 심리학자, 심리상담사 등 다양한 직업적 배경을 가진 사람들이 참여한다. 선발에 있어 가장 핵심적인 기준은 자신의 감정을 조절하고 반영하는 능력과 신뢰성이다. 각 아동은 한 명의 조력자와 함께 놀이하기 때문에 이들은 대체될 수 없으며 전체 과정 동안 각 세션과 각 회의에서 자신의 존재를 보장해야 한다. 조력자는 프로젝트 전반에 걸쳐 짧지만 철저한 훈련과 지속적인 감독을 받는다. 이 훈련 절차의 필수 요소는 두 번의 모래놀이 실습이다. 조력자들은 짝을 지어 수행자와 관찰자의 역할을 번갈아 한다. 아동의 무의식이 조력자의 정신에 강렬한 감정 반응을 불러일으키기에 각 조력자는 프로젝트 기간 내내 리더에게 지원을 받는다.

조력자는 아동과의 세션에서 경험한 감정적 영향, 의심, 두려움, 우려에 대해 이야기할 수 있는 중간 팀 회의를 갖는다. 예를 들어 아동에게 선물을 주거나 아동의 가족을 방문하고 싶은 충동을 느끼는 순간이 있을 수 있다. 이러한 반응은 매우 신중한 성찰과 치료적 억제가 필요하다. 많은 실용적인 필요 외에, 이러한 이유만으로도 조력자가 팀 회의에 참석하는 것이 '필수 조건'이다.

조력자와 참석 아동 사이의 연금술적 반응은 그들이 함께 모이는 첫 몇 분 동안에 촉발된다. 우리는 아동과 조력자 짝을 미리 배정하지 않는다. 첫 번째 세션에서 각 아동은 프로젝트 기간 동안 자신과 함께 할 어른 조력자를 '선택'한다. 조력자들은 미리 집단실의 모래 상자 옆에 앉아 있고, 아이들은 입실하기 전에 단순히 '그냥 모래상자를 고르라'는 지시만 받는다. 따라서 아이들은 자동적으로 모래상자 옆에 앉아 있는 어른도 '선택'하게 된다. 이 선택 프로세스는 제이콥 모레노Jacob Levy Moreno가 설명한 '텔레' 기능을 기반으로 한다. 우리는 아동과 조력자 간의 애착이 양방향 과정이라는 사실에 중점을 둔다. 아이와 조력자 사이의 역동에서 나타나는 동시성synchronicity은 더 이상 감탄하지 않을 정도로 흔하다. 신체적 유사성이나, 무의식 영역에 존재하다가 모래놀이 과정이 진행됨에 따라 점차 의식화되는 요소의 출현에서도 두 사람 사이의 동시성이 발생한다. 팀 회의를 진행하면서 '빈 모래상자 신드롬'이라고 부르는 문제가 발생했다. 다른 아이들이 즐겁게 놀이하는 동안 자신이 맡은 아동이 한 세션 또는 여러 세션에 빠져서 모래상자가 비어 있는 경우, 조력자는 상당히 실망스러워한다.

부모

우리는 모든 표현 모래작업 프로젝트에 부모를 참여시키기 위해 노력한다. 프로젝트 시작과 끝에 부모 상담을 제공하고, 부모가 질문이 있거나 소통을 원하는 경우 리더에게 연락할 수 있다.

부모에 대한 조력자의 태도는 세션 동안 아동을 대하는 태도와 흡사하다. 조언을 제공하지 않고 주의 깊게 경청하고, 그들의 관점을 소중히 여기고, 부모로서의 역할에 감사해한다. 곧, 불안하고 학대적이며 냉담한 부모조차도 조력자의 아이들에 대한 차분하고 수용적이며 존중하는 태도를 비언어적으로 다소 배우게 된다. 그들은 자신이 전혀 경험해 보지 못한 새로운 특성을 인식하는 법을 배운다. 부모는 프로젝트 도중이나 이후에 아동이 변한 것을 알아차리고, 형제나 자매가 다음에 참여할 수 있는지 간절히 묻는다. 그러나 부모는 직접 세션에 참석할 수 없으며 자녀들의 모래 이미지를 볼 수 없다.

제5장

콜롬비아
표현 모래작업 프로젝트의
트라우마 치유 사례

Processing Trauma after
Displacement in Colombia

축하하는 분위기의 인물상들 사이에 놓인 상당히 많은 수의 의사들과 천사들은 이 장면을 더욱 특별하고 의식적인ritual 분위기로 만들어 주었다.

사례 1: 무장 공격 생존자 9세 소녀 도로시

콜롬비아 북부 출신인 9세 소녀 도로시는 자신의 마을에서 일어난 무장 공격을 목격했고, 어린이들을 포함한 다른 사람들이 죽는 것을 보았다. 그녀의 가족은 살아 남았지만, 게릴라 지도자는 도로시의 아버지에게 딸을 게릴라 전사 훈련에 가담시키면 돈을 주겠다고 했다. 그날 밤, 도로시의 가족은 보고타로 도망쳤고, 범죄와 마약, 무기 밀매가 일상인 엘 브롱크스라는 교외 지역에서 살았다.

도로시는 불안했고 수면 부족에 시달렸다. 표현 모래작업에서 그녀는 사람과 동물이 함께 사는 평화로운 세상을 만들었다. 아이들이 우유병을 손에 쥐고 작은 의자에 앉아 있고, 어른들과 애완 동물은 이들을 바라보았다. 오리가 헤엄치는 작은 호수와 양이 풀을 뜯고 있는 둥그런 방목장이 있었다. 약간의 변형이나 다른 배열을 사용하면서, 차분하고 조화로운 이 장면을 세션마다 반복해서 만들었다. 도로시의 모래상자에는 어떤 어려움의 징후도 없었기 때문에 그녀의 조력자는 표현 모래작업이 그녀에게 치료적으로 적합한 매체인지 의문이 들기 시작했다.

여섯 번째 세션에서 갑작스러운 변화가 일어났다. 도로시는 분홍색 얇은 명주 그물 천으로 모래 표면을 조심스럽게 덮은 후, 장갑차, 군인, 폭탄, 무기를 바쁘게 배치하였다. 조력자는 공황 상태에 가까운 두려움이 자신의 내부로 스며드는 것을 느꼈다. 전쟁이었다. 분홍색 얇은 명주 그물은 그 장면의 공포를 조금이라도 완화하려는 시도였을 것이다. 두 군인이 지프차를 타고 서로 싸우고 있었다. 다른 사람들은 이미 총에 맞았다. 상자 하단 전체에 폭탄이 줄지어 있었다.

그런 다음 도로시는 이전 세션에서 아이들이 앉았던 작은 의자를 배치하고 의자마다 우유병을 놓았다. 이번에는 의자가 비어있었다. 조력자는 이 의자들을 보면서 질식하는 느낌을 받았다. 조력자는 도로시가 영유아들이 살해되는 장면을 목격했다는 사실이 생각났다. 둘 사이엔 무거운 침묵이 있었다.

잠시 후 도로시는 오른쪽 상단에서 새로운 작업을 시작했다. 재료 상자에서 우물과 꽃을 가져왔다. 전쟁의 참혹한 현장과 극명한 대조를 이루는 이 구석에 우물과 고양이 두 마리, 물, 꽃을 놓으며 회복력resilience의 장소로 삼았다.

폭력의 장면과 평화의 장면(사람들이 식사를 나누고 함

께하는)이 교대로 나타나는 장면이, 후자 이미지가 우세할 때까지 여러 세션 동안 반복되었다. 오늘날 도로시는 건강하게 지내고 있다. 정신의 자기 조절력은 외상 경험을 가장 잘 표현하고 치유하는 '시기와 방법'을 스스로 알고 있는 것이다.

콜롬비아의 프로젝트 리더들은 심각한 트라우마를 경험한 아동이 표현 모래작업 프로젝트와 같은 환경에서 충분히 오래 놀 수 있고, 상징적 치유에 대한 믿음이 생겨나면, 외상의 표현과 회복력의 장면을 늘 함께 묘사하는 것을 경험했다. 그리고 이 회복력은 아이들이 삶에서 서서히 그러나 확실하게 뿌리를 내린다. 이 모든 과정 동안 성인 조력자는 모든 사람의 타고난 능력인 '정서적 공명emotional resonator' 으로 아동을 도우며, 회복력의 매우 효과적인 요소로 기능한다.

사례 2: 성 학대 피해를 입은 6세 소녀와 공동체의 대처

표현 모래작업의 효과는 자유롭고 보호된 공간이 보장되지 않는다면 항상 한계에 부딪힌다. 프로젝트 기간 동안 아동의 생활 환경이 안전하지 않은 경우가 특히 그러하다. 극단적으로는 전쟁이 활발한 지역이나, 학대가 일어나고 있는 가족 환경이 있다. 우리는 라틴 아메리카에서 한 소년을 만났다. 그의 어머니는 마약 카르텔에 갈취당하고 있었고, 포르노 영화 제작에 아들을 제공하도록 강요받았다. 이 소년의 표현 모래작업 이미지는 점점 더 파괴적으로 변해가는 자연재해의 연속이었다. 어느 날 프로젝트 외부에서 소년이 일으킨 문제 행동들로 사회복지사가 개입하기 시작했다. 먼저 그를 가족 환경에서 분리시키고 국영 보육원에 배치하는 조치가 이루어졌다. 사회복지사도 소년과 같은 범죄가 가득한 지역 출신이었기 때문에, 자신과 가족의 생명이 위험에 빠질 수 있는 점을 우려하여 경찰에 신고하지는 않았다.

라틴 아메리카의 다른 유사한 사회적 환경에서 진행된 표현 모래작업의 다음 예를 통해 프로젝트 리더가 자주 대처해야 하는 보호된 공간과 보호되지 않은 공간 사이의 미세한 경계를 설명하고 싶다.

표현 모래작업은 다음 6세 소녀가 무거운 심리적 부담을 해결하는데 일조했을 뿐만 아니라 이웃 가족들이 새로운 차원의 결속을 다지게 하는 영향을 미쳤다. 첫 번째 세션부터 조력자는 소녀가 엄청난 심리적 부담을 표현하고 있음을 깨달았다. 소녀는 많은 주방용품과 음식에서부터, 곤충, 뱀, 군인, 아기 등 방대한 수의 피규어를 모래상자에 쌓았다. 그녀는 몇 개의 프라이팬에 모래를 채우고 '요리'를 했다. 그러다가 불현듯 분노에 차서 전부 넘어뜨리고 접시와 프라이팬을 바닥에 던지고, 의도적으로 몇 가지 물건을 부수기도 했다. 세션이 끝날 무렵 소녀는 모래상자의 일부를 천 조각으로 덮었다.

조력자는 이 혼동 중에 나타난 한 장면에 압도당했다. 턱을 크게 벌린 파충류가 천으로 덮인 유모차에 타고 있는 아기에게 다가가고 있는 모습이었다. 조력자는 노트에 다음과 같이 기록했다. "세션이 끝나고 정리하면서 그 천을 들어올렸을 때 그 파충류를 보고 충격을 받았다. 몸에 찬 기운을 느끼며 온몸이 떨렸다."

조력자의 강한 정서적 반응과 다음 세션에도 반복되었던 유사한 장면은 아동이 심각한 문제에 처해 있으며, 지속적인 폭력이나 성적 학대를 당하고 있을 가능성을 시사했다. 그러나 조력자들이 심리상담 전문가는 아니며, 제도적인 면에서 경찰 신고 없이 학대 가능성을 제시할 권한이 없기 때문에 일단 이 문제의 대처는 보류되었다. 표현 모래작업은 두달 간 계속되었으며 부모 상담도 여러 차례 이루어졌다.

소녀의 모래상자에서는 혼란스러움이 조금씩 줄어들고, 대신 선과 악을 뚜렷하게 구분하려는 시도가 많아졌다. 열 번째 상자에서는 위쪽과 아래쪽 영역을 확실하게 구분하고, 높은 지푸라기 벽을 만들었다. 소녀는 '악인'의 영역에서 최대한 멀리 떨어지려고 애쓰며, '선인'이 자리 잡고 있고 동시에 조력자가 앉아 있는 쪽으로 다가와서 앉았다. 마치 선인의 공간을 조력자와 함께 나누고 싶은 것처럼 보였다. 이 세션에서 조력자는 소녀가 친밀감과 신뢰를 강하게 원하고 있음을 느꼈다.

다음 세션에서도 비슷한 장면이 계속됐다. 지푸라기 벽이 세워졌고, 조력자는 소녀와 강한 친밀감을 느꼈다. 벽은 바깥세상으로부터 두 사람 모두를 보호해 주는 은신처 같았다. 소녀는 놀이를 하는 내내 조력자의 옆에 붙어 있었다.

그리고 바로 다음 날, 소녀는 학교에서 선생님에게 꼭 해야 할 이야기가 있다고 했다. 선생님이 마련한 이야기 자리에서 소녀는 그동안 이웃에게 성적 학대를 당해왔다는 사실을 털어놓았다.

소녀의 선생님은 즉시 의학적, 심리적, 법적 절차를 개시했다. 학교 의사와 심리상담사, 경찰은 모두 소녀의 부모에게 연락하여 이 사실을 알렸고, 피의자는 몇 시간 후 동네를 떠났다. 그는 같은 프로젝트에 참여하고 있던 다른 14세 소녀의 아버지였다. 이 일로 인해 동네 아이들은 두려움에서 벗어날 수 있었다.

다른 아이들의 부모는 크게 놀랐지만 당황한 내색을 하지 않고, 침착하게 딸들에게 이 이야기를 전했다. 다른 두 명의 여자아이도 그에게 비슷한 일을 당했다는 사실이 추가적으로 드러났다.

빈곤과 범죄가 만연한 환경에서 공동의 적이 드러나면, 강렬한 증오나 심한 폭력이 그 지역 공동체 내부에 쉽게 번지기 마련이다. 그러나 이 사례에서는 표현 모래작업 프로젝트가 가족들, 특히 여성들 간의 결속을 증진시켰고, 이 사건에 대해서도 그들을 하나로 묶었다. 지역 공동체가 자체적으로 사회적 자원을 통합하여 활용하면서 이 문제를 해결하였다.

아이들이 안전해지자 어머니들은 더욱 침착하고 이성적으로 상황을 바라볼 수 있게 되었다. 보복이 두려운 피의자

아내와 딸을 향한 연대감은 특히 강하게 드러났다. 반면에 가해자에 관해서는 경찰이 그를 찾을 때까지 기다리지 않는 것이 이 빈민가 남성들의 불문율이었다. 이 모든 일을 시작한 소녀는 모래놀이와 조력자에게 생겨난 신뢰감으로 인해 자아존중감이 증진되었고, 자신의 이야기가 귀담아질 것이라는 믿음이 생겼던 것이리라.

　소녀가 직접적 개입을 해줄 수 없는 조력자에게 문제 해결을 요청하지 않았다는 점이 주목할 만하다. 대신, 소녀는 조력자가 본디 역할을 통해 자신을 지원하도록 따로 간직했고, 적절한 공공 기관인 학교에 도움을 구했다. 놀라운 효율성이었다. 아마도 자원을 구분해서 활용하는데 필요한 내적 구조가 소녀의 내면에서 세워지기 시작했기 때문일 것이다. 학교와 교사는 기존에도 있었지만, 이러한 외부 자원을 활용하는 데 필요한 내면의 힘과 자아존중감은 모래놀이 경험을 통해 얻을 수 있었다. 내부 자원의 활성화 없이는 열악한 환경을 조정하기 위한 외부의 가장 값진 개입도 효과를 발휘하기 어려울 것이다.

　2년 후, 이제 8세가 된 소녀는 두 번째 프로젝트에 참여할 수 있었다. 소녀의 마지막 모래 이미지는 외상을 극복했음을 보여주었다. 지푸라기는 평화로운 풍경을 보호하듯 기대어 있었다. 풍요롭게 차려진 테이블에는 소녀가 모래로 만든 작은 케이크가 놓여 있었다. 많은 어른과 어린이들, 각자 우유 한 병씩을 들고 있는 많은 아기들이 행복한 하루를 보내고 있었다. 마침내 소녀의 상자 속 사람들은 생기를 회복하여 더 강해졌고, 아이들은 보살핌을 받았다. 축하하는 분위기의 인물상들 사이에 놓인 상당히 많은 수의 의사들과 천사들은 이 장면을 더욱 특별하고 의식적인ritual 분위기로 만들어 주었다.

사례 3: 범죄 갱단의 마스코트 나탈리

    2008년부터 콜롬비아의 융 분석가 팀과 함께 표현 모래작업을 개발하고 발전시킨 모니카Monica Pinilla Pineda의 다음 설명은, 청소년이 문제 환경에서 계속 살아간다고 하더라도 표현 모래작업을 통해 얻을 수 있는 장기적인 이득을 보여준다. 한 13세 여자 청소년이 마약과 무기 밀매가 만연한 보고타 외곽 지역에 살았다. 비슷한 처지에 놓인 상당한 수의 아이들을 돌보던 사회보조원은 나탈리와 소녀 갱단이 계약 살인을 저지르는 소년 범죄 갱단의 '마스코트'가 된 것을 알고 매우 걱정했다. 이것은 사회적 맥락에서 이 소녀들의 미래가 갱단의 적에게 살해될 위험이 큰 심각한 범죄와 연관되기 시작했다는 것을 말해준다.

    나탈리는 모래놀이 제안을 흔쾌히 수락했다. 한순간에 그녀의 무뚝뚝한 표정이 풀리고, 거칠고 공격적인 태도가 어린아이 같은 호기심으로 바뀌면서, 그동안 채워지지 않았던 욕구와 갈망을 모래 위에 산더미처럼 드러냈다.

    이제 막 사춘기에 접어든 나탈리는 사람들에게 말괄량이로 불렸다. 그녀의 머리카락은 마치 마른 막대기처럼 뻣뻣

했다. 그녀의 어머니는 열다섯 살에 계부에게 성폭행을 당해 나탈리를 임신했다. 아기를 낳았지만 사랑할 수 없었던 어머니는 나탈리를 할머니에게 맡겼다. 그렇게 나탈리는 자신의 이야기를 아는 사람들이 없는 보고타의 외곽 지역에서 자랐다. 한편, 나탈리의 어머니는, 아버지가 다른 8세 아들과 6개월 된 아기를 데리고 다른 도시로 이사 갔다. 주말이면 가끔 나탈리를 찾아와 할머니에게 양육비를 건넸지만, 딸과 많은 시간을 보내지는 않았다.

나탈리의 선생님은 그녀의 어려운 상황을 보며 마음이 아팠지만, 어떻게 도와야 할지 막막했다. 그녀를 도와주는 것은 불가능한 듯했다. 나탈리는 사람들에게 공격적이고, 무례했으며, 혼자 있기를 원했다. 나탈리는 10대 중반의 소녀 갱단과 함께 위험한 소년 갱단의 '애완' 여자 친구였다. 소년들은 마약과 무기, 폭력을 통해 지역 사회에서 자신들의 입지를 세우려고 했다. 나탈리의 교사 중 한 명이 그녀의 분노 뒤에 숨겨진 슬픔을 감지하고, 표현 모래작업 세션에 참여하도록 그녀를 초대했다.

첫 세션에서 나탈리는 겁에 질려 있었고, 나와 거리를 유지했다. 내 존재가 그녀를 불안하게 한다는 것을 느낄 수 있었다. 나탈리의 윗입술이 땀에 젖어 있었고, 내게 등을 돌리며 자신의 놀이 내용을 숨겼다. 그녀의 전체적인 태도는 일정한 거리를 유지하는 것을 선호한다는 메시지를 전달했다. 나는 한 걸음 뒤로 물러났다. 그녀는 다음 세션에서 조금 더 차분해진 모습을 보였다. 이번에는 내가 그녀와 함께 머무는 것과 그녀의 놀이를 지켜보는 것을 허락했다. 그녀는 같은 장면을 반복해서 만들다가 마지막에는 그것을 숨기기 위해 천 조각으로 덮곤 했다. 한 번은 그리스도의 성탄화처럼 꾸민 곳에 아기 예수를 안고 있는 성모 마리아를 배치한 다음 천으로 덮었다. 나탈리는 이 장면을 여러 세션 동안 반복해서 만들고 덮었다.

다섯 번째 세션에서 그녀는 집단실에 들어서며 처음으로 나에게 미소를 지었다. 이때부터 나탈리의 놀이에 변화가 생겼고, 장면을 덮지 않고 나갔다. 그녀는 모순된 장면들을 묘사하고 통합하는 움직임을 보였다. 예를 들면, 보호막 앞에 위험을 구축하거나 신성한 보물 근처에 혼돈을 만들었다. 그녀가 우리를 정말 놀라게 한 것은 프로젝트 종결이 두세 션 남았을 때였다. 집단실에 들어오면서 그녀는 리더들의 뺨에 뽀뽀를 했다. 모래상자에서 그녀는 여성성과 남성성의 이중적인 측면을 만들었다. 여자들이 서로 경쟁하는 모습과 협력하는 모두 만들었고, 보호하는 남자와 폭력적인 남자를 모두 묘사했다. 마지막 장면에서 그녀는 서로를 공격하다가 죽인 두 남자를 조심스럽게 묻었다. 아마도 그녀는 조력자를 목격자로 삼아 그녀가 겪었던 성적 학대를 이곳 무덤에 묻은 것 같다. 그리고 자신이 여성성을 표현하면서도 연약함을 덜 느낄 수 있음을 경험했을 것이다. 프로젝트가 끝나고 나탈리는 갱단을 탈퇴하면서 공격성이 줄어들었고, 건조했던 머리카락과 피부에도 눈에 띄는 변화가 생겼다. 그녀의 할머니는 학교 성적이 향상되었다고 보고했다. 나탈리는 남동생에게 상당히 다정해졌고, 이를 감지한 어머니와 더 가까워지기 시작했다. 이것은 새로운 모녀 관계의 시작이었다.

콜롬비아 메데인에서의 프로젝트

콜롬비아 북부의 도시인 메데인은 지난 세기 중반 이래 마약 및 무기 거래와 관련된 범죄로 악명이 높아 왔다. 이곳에서 청소년이 저지른 살인 건수는 슬프게도 라틴아메리카 전체에서 가장 많다. 하지만 지난 20년 동안 시의회가 최소 두 번의 건축적 개입을 통해 사회적 분위기를 바꾸기 시작했다. 첫 번째로, 케이블카를 건설하여 높은 지대에 사는 빈민가 사람들이 도시 아래에서 일자리를 찾을 수 있게 함으로써 소통하지 않았던 두 개의 사회 시스템을 연결했다. 또한 빈민가에 도서관을 지어 어린이와 청소년이 매일 노출되고 있는 범죄 환경이 아닌 다른 세계에 접근할 수 있는 보호된 공간을 만들었다.

메데인 중심에서 케이블카를 타면 약 30분 후에 산토도밍고 고도에 도착한다. 인프라가 없는 빈민가이지만, 거대한 현대식 도서관이 요새처럼 임시 정착촌 위에 우뚝 솟아 있다. 산토도밍고에서는 가장 중무장한 갱단이 법처럼 행세한다. 마지막 경찰이 산비탈의 위쪽 케이블카 역에서 표현 모래작업 프로젝트가 개최되는 산토도밍고의 학교로 이어지는 약 2km 정도 되는 좁은 길을 순찰한 지 수년이 되었다.

자원봉사자들은 볼란타리오 VOLONTARIO 라는 단어가 적힌

흰색 티셔츠를 입고 이 길을 떠난다. 이는 그들이 사회적 안녕에 헌신하고 있으며 비무장 상태임을 보여주기 위함이다. 학교로 가는 길에는 성모 마리아의 제단과 작은 예배당들이 여럿 있는데, 청년들이 큰 작전을 수행하기 전에 성모의 축복을 받기 위해 탄약을 이곳으로 가져오기도 한다.

이 프로젝트에 참여한 사람들의 희망은 표현 모래작업이 주민들에게 강요된 침묵의 공모라는 태도가 점차 바뀌어 나가는 데 일조하는 것이다. 프로젝트에 참여한 아이들은 최소 3개월 동안 안전한 장소, 신뢰할 수 있는 성인, 두려움과 폭력에 대한 대안이 존재한다는 것을 경험하게 될 것이다. 무엇보다 자신 안에 의지할 수 있는 내면세계가 있음을 생생하게 경험할 것이다. 나중에 청소년이 되면 자신의 바람과 계획을 더 잘 방어하고, 갱단의 회유에 "아니오"라고 말할 수 있기를 바란다. 산토도밍고에는 소위 '내부' 난민으로 불리는 수많은 가족이 있다. 자녀들이 청소년 갱단에 가담할 때 출생지를 떠난 이들이다. 소년들은 살인 청부업자로, 소녀들은 매춘부로 훈련된다.

산토도밍고 프로젝트에 참여했던 많은 아동은 10대 부모가 있거나, 있었다. 그들의 아버지는 무력 충돌이나 다른 사유로 사망하는 경우가 많았고, 남겨진 어머니는 겨우 15세 또는 16세의 나이에 경제적 지원 없이 자립해야 한다. 걸어갈 거리가 아이들은 혼자서나 손위 형제들과 함께 보통 세션 시작 시간에 맞춰 도착한다. 그러나 멀리 떨어져 살고 부모 외에 데려다 줄 사람이 없는 아이들의 경우에는 이야기가 달랐다. 그들을 데리고 갈 사람이 없다는 이유 하나로 자주 세션에 결석했다. 부모 자신도 아직 아동에 가깝고, 빈곤선에 가까운 삶을 살면서 자녀들의 일상을 스치듯이만 알고 있기에 프로젝트의 목적을 이해하기가 어려웠다. 하지만 아이들은 많은 피규어들이 있는 모래상자에 거부할 수 없는 매력을 느낀다. 마치 놀이가 그들 자신의 타고난 자원을 활성화할 수 있다는 깊은 지식을 이미 알고 있는 것처럼 말이다.

첫 번째 세션: 아동들의 다양한 모습

다음은 산토도밍고의 표현 모래작업 프로젝트에 참여한 여러 아동들의 첫 번째 세션들을 자세히 묘사한 것이다.

첫 번째 세션이 시작되기 전, 독특한 해프닝이 있었다. 대부분의 조력자가 프로젝트 훈련을 수료했지만, 처음으로 아동을 직접 만나 모래놀이를 돕는 것이었다. 그들에게 지원이 필요할 때를 대비해 경험이 탄탄한 여러 명의 그룹 리더들이 곳곳에 대기하고 있었다. 집단실이 준비되어 있었다. 벽을 따라 탁자 위에 모래상자를 설치했고, 모래를 약간 적시었고, 치료실 중앙에 놀이재료들을 배치했다. 아동이 원하는 것을 빨리 찾을 수 있도록 피규어들을 카테고리별로 세심하게 분류했다. 첫날, 아이들이 집단실에 들어오면 마음에 드는 모래상자를 선택하도록 가장 먼저 안내받는다. 이때, 아이들은 자동적으로 모래상자 옆에 앉은 조력자를 선택하게 된다. 아이들의 입실 전, 조력자들이 모래상자 옆에 앉아 기다리는 동안 한 젊은 조력자가 모래상자 테이블이 너무 낮다고 지적했다. 키가 큰 아이들은 그러한 조건에서 제대로 일할 수 없을 것이라고 주장했다. 짧은 갑론을박이 있었고, 아무도 그녀의 의견에 동의하지 않았다. 프로젝트 경험이 있는 리더들은 테이블이 항상 정확하게 같은 높이였기에 마지막 순간에 굳이 변경해야 할 필요가 없다고 단호하게 주장했고, 전체 의견도 그러했다. 그러나 그 젊은 조력자는 거기서 단념하지 않고, 모래상자가 너무 낮아 아이가 제대로 작업하지 못할 수 있다고 더 높은 테이블을 달라고 끈질기게 요구했다. 이는 스텝들에게 분개심을 일으켰지만, 결국 새 테이블이 만들어졌다. 마침내 그 조력자는 필요하다고 느꼈던 바로 그 높이의 테이블을 갖게 되었다. 그녀는 만족했고, 다른 조력자들은 약간 짜증이 났고, 아이들은 문밖에서 초조하게 기다리고 있었다. 마침내 문이 열리며 아이들이 안으로 몰려들어 왔다. 다른 아이들보다 머리 한 개 반은 더 키 큰 호리호리한 소녀가 자신의 체격에 맞는 유일한 그 모래상자를 향해 직진했고, 그녀의 조력자를 행복하고 기대에 찬 눈으로 바라봤다.

세션이 시작되었다. 속삭임과 소란이 있는 몇 분이 지난 후에는 대게 그렇듯이 침묵이 흘렀다. 나는 그룹 리더들이 가족 상황을 알고 있는 한 11세 소녀를 주목했다. 소녀는 부모가 모두 살해되는 것을 목격했고, 이후 할머니와 함께 살았다. 일반적으로 우리는 아동의 가족 상황에 대한 정보가 거의 없는데, 이 소녀는 모든 스텝들에게 자신의 개인적인 이야기를 기꺼이 이야기했을 뿐만 아니라, 거의 강박적으로 다시 말할 기회를 찾고 있었다. 그러나 그녀의 말에는 감정이 담겨 있지 않아 기계적으로 들렸고, 이는 듣는 사람에게 동정심보다 당혹감을 끌어내곤 했다. 표현 모래작업은 아동이 이런 악순환적인 심리적 함정에 빠지는 것을 예방할 수 있는 도구이다. 표현 모래작업을 통해 아이들이 흔히 처음 표현하는 것은 초기 외상 사건이 아니라 사용 가능한 내적 자원에 관한 주제이다. 소녀는 햇빛 가리개와 갑판 의자, 나무, 그리고 바다가 있는 해변을 묘사했다. 그녀는 세부적인 장면을 만드는 데 많은 시간을 할애했다. 그녀는 작업을 마치고 모래상자 앞에 앉아 생각에 잠긴 채 눈앞의 해변을 바라보고 있었다. 팀 회의에서 소녀의 조력자는 소녀가 해변에 대해 말한 것을 우리와 공유했다. 소녀가 만든 해변은 부모님과 자주 갔던 곳이었다. 해변은 그녀에게 기쁨과 슬픔을 동시에 안겨준다고 한다. 그 장면은 조력자를 깊이 감동시켰다. 그 소녀는 살인에 대해서 조력자에게 말하지 않았다. 프로젝트 그룹이 제공하는 안정감 속에서 표현 모래작업을 하는 경험은 소녀의 내면에 숨겨져 있던 힘을 불러일으켰다. 그녀는 외상 경험 이전의 기억을 활성화할 수 있었다. 소녀는 자원을 발견하면서 자신의 감정과 다시 연결되었다. 애도와 외상에 대한 정서적 처리 과정이 시작되었다.

대부분의 아이들이 놀이에 몰입되어 있었지만, 이 열 살짜리 소년은 놀이를 어려워하는 것처럼 보였다. 그는 마치 다른 아이들이 모래상자에서 무엇을 하고 있는지 이해하려는 듯 약간 멍한 표정으로 주위를 둘러보고 있었다. 답을 찾지 못한 듯했고, 집단실 한 가운데로 피규어를 가지러 갈 때마다 다른 아이를 지켜본 다음 같은 피규어를 가져왔다. 모래상자로 돌아와서는 상자 앞에서 얼어붙은 듯 서서 피규어를 어디에 어떻게 놓을지 모르는 것처럼 가만히 있었다. 그는 애원하듯 주위를 둘러보았다. 그의 어깨는 들썩였고 표정은 슬픔과 좌절로 '내 모래상자는 정말 못생겼어. 모든 게 다 멍청해!'라고 소리지르고 있는 듯 했다. 소년은 마치 확인과 도움을 구하는 것처럼 조력자를 올려다보았고, 질문하는 태도로 어깨를 들어 올렸다. 또 다른 피규어를 가져왔지만, 이번에도 어떻게 해야 할지 모르는 것처럼 우두커니 서 있었다. 그런 소년을 지켜보는 것은 쉽지 않았다. 모래상자가 그의 참기 힘든 내면의 공허함을 잔인하게 직면시키고 있는 것 같아 달려가 안아주고 싶은 충동을 느꼈다. 그의 내면에서 긴장이 고조되고 있는 것이 느껴졌고, 그의 조력자가 그를 위해 무언가를 해주기를 간절히 바랐다. 그러나 조력자는 가만히 있었고, 나는 그녀가 이 소년의 어려움을 인식했는지 의문이었다. 잠시 후 소년은 한 장면을 만들었다. 자기 옆에 있는 다른 아이의 장면을 정확히 복사한 것이었다. 나무, 집, '슈퍼맨'이 무작위로 배치되었고, 소년은 그 장면을 지루해했다. 그러다 갑자기 결연한 움직임으로 모든 것을 치우고, 몇 개의 병사 피규어를 가져와 모래상자에 정확히 원하는 대로 배치하는 것을 보았다. 마침내 아이디어를 얻은 것 같았다. 소년은 군대를 만들었고, 나무 블록으로 높은 플랫폼을 인내심 있게 만든 후 더 많은 병사를 세웠다. 그리고 위치를 재배열한 후, 더 많은 병사를 가져와서 배치했다. 마침내 소년이 놀이에 집중하는 모습을 보자 참으로 다행스러웠고, 조력자도 안심했다.

조력자가 나중에 말하길, 그녀는 소년의 막막함과 어떤 일에도 완전히 참여하지 못하는 무능감을 매우 강하게 느꼈다고 했다. 그리고 그 느낌은 개인적인 봉쇄에 갇힌 것처럼 신체적으로 경험되었다. 아이에게 도움이 될 만한 말을 하고 싶었지만 무엇을 말해야 할지 찾지 못했다. 세션이 끝나갈 무렵 조력자는 소년에게 모래 이미지에 대해 말하고 싶은 것이 있는지 물었다. 그는 그 전쟁 장면을 묘사하며 "여기에 있는 이들은 군인이에요. 그리고 이 군인은 어린이예요."라고 말했다. 조력자는 군인들 사이에 있는 더 작은 군인, 즉 어린아이가 달리고 있는 모습에 충격을 받았다. 세션이 끝난 후 소년은 어깨에서 무거운 짐을 내려놓은 것처럼 보였다. 그는 자신의 삶에서 경험하는 어려운 문제를 묘사할 용기를 찾았다. 소년은 어린이가 보장받아야 하는 삶을 박탈 당하고, 전쟁 속에 살고 있는 아이가 있다는 것을 전달할 수 있었다. 자기를 바라보는 이 성인이 이 불의를 목격해 주기를 원했다.

세션이 끝나기까지 몇 분밖에 남지 않았을 때, 미니스커트와 도발적으로 드러낸 목선, 짙은 화장과 깊은 슬픈 눈을 가진 10세 소녀가 놀이재료 상자를 열심히 뒤지는 것을 보앉다. 분명히 그녀는 특정한 것을 염두에 두고 있으나 찾지 못하고 있었다. 얼마 후 나무 막대기 두 개, 종이 한 장, 가위, 연필, 풀을 골랐다. 소녀는 종이를 직사각형으로 오려서 그 위에 글을 쓰기 시작했다. 그녀의 조력자는 소녀가 원하는 것을 수행할 충분한 시간이 있기를 조용히 바랐다. 소녀는 종이 직사각형을 두 개의 나무 막대기에 붙여 현수막을 만들었다. "5분 남았어요." 그룹 리더는 평소처럼 미리 공지하여 세션이 끝날 때 아이들이 놀라지 않도록 했다. 한숨이 곳곳에서 들려왔고, 끝내지 못한 일을 끝내야 한다는 조급한 결의가 공기를 가득 메웠다. 특히 첫 번째 세션이기에 많은 아이들이 시간에 맞춰 멈추기가 어렵다고 느꼈다. 아이들이 모래 이미지에 대해 설명하기 시작하면서 열정적인 속삭임이 집단실을 가득 채우기 시작했다. 조력자들은 아이들에게 온몸으로 전적인 관심을 보여주었고, 아이들이 전달하는 모든 말에 눈으로 기쁨을 발산했다. 그 소녀는 마침내 현수막을 모래 위에 똑바로 세울 수 있었다. 현수막이 조력자를 향하고 있었기 때문에 종이 위의 글자는 조력자만 읽을 수 있었다. 세션이 끝난 후 모든 아이들이 퇴실하고 현수막에 쓰인 '나와 베로니카를 위한 공간'이라는 글자를 보았다. 베로니카는 조력자의 이름이었다. 불과 한 달 후에 소녀는 화장을 하지 않고 도발적인 의상도 입지 않은 채 세션에 와서 나이에 맞는 놀이를 했다. 그리고 또 한 달 후 그녀의 선생님은 그 소녀의 학교 성적이 너무 향상되어 반에서 1등으로 학년을 마치게 될 것이라는 소식을 전해왔다.

세션이 끝나고 아이들이 모두 퇴실하면, 조력자들은 늘 조용한 집단실에 남아 모래 이미지의 세부 사항을 반영하고 기록을 완성한다. 그런 다음 아이들이 피규어를 배치했던 것과 같은 정성으로 모래상자의 피규어들을 치운다. 창작 과정은 그들의 눈앞에서 역으로 펼쳐지며, 마치 고고학자가 된 것처럼 모래에서 매장된 물건이 발견되고 층층이 발굴되기도 한다. 세션 도중 이미 느꼈던 감정이 되살아나는데 더 강하고 전체적으로 느낀다. 조력자들은 이 과정을 혼자 진행하지만 모두 조용히 연결되어 있으며 누군가는 눈물을 흘리기도 한다.

제6장

독일 난민 어린이들을 위한 표현 모래작업 프로젝트

그룹은 변형이 일어나는
연금술 용기이다

Expressive Sandwork
with Refugee Children in Germany

The group as an alchemical
container of transformation

순식간에 정적이 흘렀다. 정말 믿기 어려운 광경이었다. 11명의 아이들은 모두 곧장 모래상자로 향해 가서 무언가를 만들며 완전히 몰입하고 있었다.

연금술 용기로서의 그룹과 외부인 통제

표현 모래작업의 그룹은 12-14명의 아동과 많은 성인으로 구성된다. 전체 프로젝트 기간 동안 유지되는 아동과 성인의 쌍은 특별한 의미가 있다. 모든 아동은 자신의 짝이 된 성인 조력자에게 친밀하게 접근할 수 있고, 성인은 자신이 맡은 아동과 단둘이 남겨지는 것은 아니기 때문에, 심리치료 전문가가 아닌 입장에서 큰 실수를 할 가능성을 줄일 수 있다. 따라서 세션이 진행되는 동안 모든 참여자가 안정감과 자유를 느끼며 그룹에 대한 신뢰를 구축해 갈 수 있다. 그룹은 정신의 변형이 일어나도록, 보호 뚜껑이 덮인 연금술 용기와 같다. 모든 참여자의 심리적 과정이 모래놀이와 관계를 통해 일어나기 시작하자마자, 그룹의 정서적 '온도'가 상승한다. 참여도는 높아지고, 모든 몸짓과 움직임은 의미를 가지기 시작한다. 아주 미묘한 감정도 고려되고 의미를 지닌다. 모든 참여자가 왕성하게 무의식의 상호작용을 하면서 연결된다. 이 상호 연결망은 세션이 진행됨에 따라 발전한다.

외부인이 모래놀이를 '구경'하기 위한 입장은 허용되지 않는다. 이런 고조되는 그룹의 분위기를 담아줄 수 있는 일관된 환경 조건과 시간이 필요하다. 눈 맞춤과 몸짓의 비언어적 의사소통이 늘어나고, 우리의 신체도 즉각적인 소통을 한다. 참여자들은 개인 분석 상담에서의 역전이 현상과 비슷하게 긴장, 격렬함, 자극, 마비되는 느낌마저 든다고 한다. 그룹은 참여자들의 합보다 항상 더 큰 에너지로 가득 차 있는 것 같다. 외부인이 세션을 참관한다면 치료적 의미가 상실되어, 아동은 세션 하나를 잃은 것과 다름없고, 이들의 완성된 모래 이미지도 다르게 나타난다. 이에 대해서는 나의 또 다른 저서인 8'자유롭고 보호받는 공간이 방해받는 경우'장에서 심도 있게 다루었다. 프로젝트가 이루어지는 시공간은 일상과 분리되어, 모든 행동, 모든 생각, 모든 감정이 유의미해진다.

---

8   Pattis Zoja, E. Sandplay Therapy in Vulnerable Communities: A Jungian Approach, Routledge 2011

독일 난민 아동들의 심리적 상황

그룹에서 일어나는 현상은 개별 참여자뿐만 아니라 그룹 자체와도 관련되기에, 조력자들이 그룹에서의 체험을 마법적이라고 종종 묘사한다. 이에 대해 다음에서 살펴볼 것이다. 독일에서의 표현 모래작업 프로젝트는 대규모 난민 행렬이 유럽으로 몰려들고, 전쟁 지역에서 나온 백만 명의 사람들이 독일에서 피난처를 찾은 지 1년 후인 2016년부터 시작되었다.

융 아동 분석가인 크리스티안 루츠Christiane Lutz는 다음과 같이 기술했다.

현재의 난민 상황은 교육자와 상담사들에게 아동·청소년의 심리적 외상 경험을 진지하게 숙고할 것과, 외상을 다룰 방법과 도구를 제공할 것을 요청한다. 아동·청소년은 과도한 경험에서 비롯된 의식적인 두려움과 불안, 상실을 공격적인 행동을 통해 제어하려는 신경증적 시도를 빈번하게 한다. 이런 이유로 난민 수용소의 아동·청소년 사이에서 공격적인 상호작용이 자주 목격된다. 이들은 서로 굉장히 상이한 문화를 가진 국가에서 왔기에 언어 장벽도 존재한다. 새로운 언어인 독일어는 아직 서툴고, 성적인 비속어를 잔뜩 섞어 사용함에 따라 적절한 의사소통 수단으로 기능하지 못한다. 이런 까닭에 이들의 사회적 역량은 상당히 제한적이다. 난민 아동은 서로를 배척하며, 학교에서는 급속도로 달갑지 않은 이방인이자 희생양이 된다. 그들의 고립감은 관계에 대한 열망으로 변모한다. 잃어버린 고향에 대한 이상화된 그리움은 증폭되고, 가족에 대한 의존성은 발달 단계에 적절하지 않을 정도로 증가한다. 이에 대한 연쇄적인 영향으로 난민 아동의 자율성 발달은 제한되고, 새로운 나라에서의 적응 역시 어려워진다. 더불어, 수많은 청소년은 추방될지 모른다는 영속적인 공포를 지니고 있다. 이는 새로운 이들과 인연을 맺으려는 노력과, 편견 없이 새로운 나라의 다양한 환경과 가치에 마음을 열려는 의지를 꺾는다.

이질성이 강한 집단

2017년, 독일 바덴뷔르템베르크의 난민을 위한 집에서 첫 번째 표현 모래작업 프로젝트가 개최되었다.

여기서 우리는 과거 콜롬비아, 팔레스타인, 우크라이나의 난민 가족, 말레이시아 쿠알라룸푸르의 로힝야족과의 경험을 활용할 수 있었다. 특히, 로힝야족은 불교국가인 미얀마에서 온 무슬림으로 세계에서 가장 박해받고 대량 학살의 위협을 받는 집단 중 하나다. 이들이 체류했던 말레이시아는 그들을 받아들이지 않았다. 불법 체류 중인 성인들은 일자리를 구할 수 없었고, 어린이들은 학교에 갈 수 없었다. 이들이 받은 유일한 교육은 이맘(imam, 종교지도자)이 조직한 코란 학교에서 배운 것이 전부였다. 말레이시아에서 진행되었던 표현 모래작업 프로젝트의 성인 조력자 14명은 이슬람교, 힌두교, 시크교, 가톨릭, 그리스 정교회, 불교, 도교 등 7개의 다른 종교 공동체 출신이었다. 로힝야족의 참여 아동과 조력자 사이에 다른 언어적 의사소통 수단도 없었다. 즉, 조력자 집단의 다양성과 아동 집단의 동질성이 대비되었다.

반면 독일 난민의 집에서 개최된 표현 모래작업 프로젝트는 역으로 조력자 집단의 동질성과 아동 집단의 다양성이 두드러졌다. 조력자들은 심리학, 심리치료, 교육학을 공부하는 독일 학생들로만 구성되었고, 참여 아동들은 6세부터 12세 사이의 문화적, 종교적 배경이 다른 7개국 출신이었다(이라크, 시리아, 아프가니스탄, 에리트레아, 코소보, 알바니아, 터키 쿠르디스탄). 일부 아동은 영어를 사용하거나 독일어를 이해했고, 조력자들은 아이들과 어느 정도 소통할 수 있었다. 이런 차이가 표현 모래작업에 어떤 영향을 미칠지 궁금했다.

아동들은 서로 다른 숙박 시설에 살았고 프로젝트 기간 중에 이사를 가기도 했다. 최근에 독일에 도착한 가족도 있었고 이미 더 오래 전에 도착한 가족도 있었는데, 이는 그들의 애착 안정성에 상이한 영향을 미쳤다. 세션 시작 시간에 맞춰 오는 것조차 제대로 하지 못하는 경우가 많았다. 일부는 너무 일찍 왔고, 일부는 너무 늦게 오거나 픽업이 필요했다. 독일인의 시간 엄수를 당연히 기대할 수 없는 노릇이었다.

최대 6명의 통역사가 필요했기 때문에 프로젝트 초반에

부모 회의를 조직하는 것이 어려웠다. 부모를 위한 책자는 여러 언어로 인쇄되었다. 처음에는 실제로 참여할 수 있는 것보다 더 많은 부모가 관심을 보였지만 첫 번째 회의에는 그들 중 누구도 나타나지 않았다. 우리는 난민들의 집에 있는 다른 민족들이 서로 거의 의사소통을 하지 않으며, 합동 모임에 참석하는 데 익숙하지 않다는 것을 알게 되었다. 이러한 집단 응집력의 부족은 아동과의 첫 번째 세션에도 나타났다. 아동들 대부분 자신의 모래상자를 골라 그 안에 원하는 것을 만들 수 있는 기회를 이용하지 않았다. 더욱이 아이들은 조력자들을 있다는 것을 알아차리지 못하거나, 통제당할까 봐 두려워서 의도적으로 무시하는 것처럼 보였다. 쿠르드어를 이해하는 어떤 조력자는 한 아이가 다른 아이에게 속삭이는 것을 우연히 들었다. "저 사람들이 우리에게 무엇을 하려는 거지?"

세션이 시작될 때 아동들은 출신 국가별로 분리된 2, 3, 4명 등으로 바닥에 옹기종기 모여서 놀이재료를 바라보며 모국어로 이야기하고 있었다. 익숙하지 않은 분위기가 장소를 가득 채웠다. 혼란스런 웅성거림과 속삭임들, 아직 손길도 닿지 않은 모래상자 옆에 힘없이 앉은 조력자들이 있었다. 세션이 끝난 후 우리는 이 상황에 대해서 아동들이 다음의 마음을 표현한 것으로 해석했다. "이 많은 재료들로 우리는 무엇을 해야 하나? 모르겠어. 무엇을 해야 하는지 찾아야 해." 개별 조력자들은 첫 프로젝트라 다소 자신이 없었고 상황이 예상과 다르게 전개되어 있었지만 자기효능감에 대한 아동들의 욕구를 믿었다. 우리는 개입하지 않고 일단 지켜보기로 했다. 어떤 아동들은 모래상자와 조력자를 찾아가 모래 속에 재료를 놓기 시작했고, 다른 아동들은 바닥에 앉아서 놀고 있었다.

이라크에서 온 세 명의 소녀가 기차 선로를 발견하고 함께 조립하기 시작했다. 선로의 길이가 커져 큰 원이 되었다. 알바니아에서 온 어린 소년이 기관차와 화물차 몇 대를 찾아 그 선로에 올려 놓았다. 소녀들의 동의를 얻은 그는 넓은 원을 따라 조심스럽게 기차를 옮겼다. 이 모든 것은 매우 침착하고 집중된 분위기에서 이루어졌다. 선로를 만든 이라크 소녀들은 만족스러워 보였고 이미 모래상자에서 놀던 다른 아이들은 부분적으로 알아차렸다. 세션 후 리더 모임에서 조력자들은 거의 모두가 같은 생각을 가지고 있었다. 아동들은 아주 먼 길을 여행했다. 자신의 시각에서 위험과 불확실성으로 가득하고 끝이 없는 여행을 하고 있었다. 아마도 그들은 내면에서 여전히 여행하고 있었고 호스트 국가에 도착하는 데 여전히 오랜 시간이 걸릴 것이다.

조력자들은 처음에 느꼈던 불확실성과 긴장, 불안, 동요가 점차 사그라지고, 대신 진중함과 강한 연민이 커지는 것을 느꼈다. 바다 위 선로로 만들어진 원과 소년의 손에 의해 움직이는 기차를 바라보는 것은 모두에게 감동적인 순간이었다. 이 장면을 바라보며 우리는 이 아이들의 경험을 이해하는 데 한 발짝 더 다가갈 수 있기를 바라는 희망을 조용히 공유했다.

매주 진행되는 세션에 아이들은 기꺼이 참여했고, 놀이에 몰입했다. 그러나 여전히 부모가 제시간에 아이들을 데려오지 않거나 급한 일이 있다며 결석하는 경우가 많았다. 조력자와 프로젝트 리더는 매 세션을 시작할 때마다 자유롭고 보호받는 공간을 다시 조성해야 한다고 느꼈다.

네 번째 세션이 되자 아이들은 절차에 익숙해졌다. 한 조력자는 다음과 같이 기록했다.

모두 도착하여 모래놀이 집단실의 문이 열리자, 순식간에 정적이 흘렀다. 정말 믿기 어려운 광경이었다. 11명의 아이들은 모두 곧장 모래상자로 향해 가서 무언가를 만들며 완전히 몰입하고 있었다. 바닥에서 노는 아이도 없었다. 조력자들은 아이들을 바라보며 진중함과 깊이를 느꼈다. 아이들은 필요한 공간을 차지하고 자신을 자유롭게 표현했다. 아이들을 바라보며 경험한 많은 것들이 나를 감동시켰고, 그룹 자체가 위안이자 힘이 되는 것을 발견했다.

또 다른 조력자는 다음과 같이 묘사했다.

분위기가 빠르게 전환되는 것이 신기했다. 어떤 세션에서는 아이들이 자신이 만드는 모래 이미지에 깊이 집중했고, 어떤 세션은 불안하고 긴장된 분위기로 가득했다. 어떤 아이들은 가능한 한 빨리 모래상자를 만들면서 여전히 도망치려고 하는 것 같았다. 반면 다른 아이들은 마무리하도록 도움을 받아야 했다. 아이들은 때때로 우리의 조용한 관심과 간헐적인 기록에 대해 궁금해했고, 우리의 애정 어린 관심을 감사히 받아들이고 있었다. 아이들은 상당한 내적 헌신으로 이 과정에 참여했고, 우리의 침묵하는 행동의 중요성을 이해하고 있는 듯했다.

조력자의 역할은 판단적이고 해석적인 태도보다는 정서적 인식을 중심으로 이루어진다. 분위기와 마음을 잘 파악해야 하며, 필연적으로 발생하는 자신의 역전이 감정 또한 인식해야 한다. 세션 중이나 이후에 일어나는 일들을 자세히 기록하는 것은 모래 이미지 사진만큼, 조력자의 정서적 인식 과정을 촉진하는 데에 큰 도움이 된다.

그룹 리더의 담아주기

조력자, 아동, 프로젝트 리더, 협력 기관, 후원자, 국제 네트워크 등 여러 집단이 체계적인 유기체처럼 프로젝트 기간 동안 지속적으로 상호 작용하며 협력한다. 진행 도중에 장애나 위기가 발생하더라도, 개별 세션과 조직, 제도 수준에서 참여하는 모든 집단은 필요한 자원을 끊임없이 공급하고 조율한다. 비폭력적인 의사소통은 모든 집단의 내외부 의사소통에서 중요하며 Marshall B. Rosenberg, 중요한 소견은 아동의 근본적인 필요를 중심으로 제공된다. 세션 전후, 집단실을 준비하고 정리하는 과정에서 조력자 간에 잡담을 하지 않으며, 다른 조력자의 아동에 대한 요청되지 않은 소견을 이야기하지 않는다. 만약 다른 조력자의 아동에 대해 관찰한 내용이 있다면, 먼저 해당 조력자에게 듣고 싶은지 물어본다. 완성된 모래 이미지는 아동과 조력자, 두 사람의 영혼이 함께 만든 것으로 간주하여 경의를 표하는 태도를 갖는다. 아동이 모래놀이하는 것을 관찰하는 조력자에게는 강렬한 심리적 작용이 일어날 수 있다. 이는 아동이 내적으로 경험하는 무의식적이고 때로는 폭발적인 내용을 의식의 표면으로 가져와 표현하기 때문이다. 각 조력자는 한 명의 아동과 작업하지만, 모든 참여자는 집단에 가득한 정서적인 분위기와 영향을 주고 받는다. 이러한 전체 집단 역동이 적절히 일어나기 위해서는 12-14개의 아동-조력자 쌍마다 2-3명의 그룹 리더가 필요하다. 그룹 리더는 전체 집단의 안녕을 주시할 수 있도록 아동을 배정받지 않은 자원봉사자이다. 그들은 아동이 자신의 창조 놀이에 만족하는지 확인하며, 문제가 확대되는 것을 예방할 필요가 있을 때 개입한다. 그룹 리더의 임무는 모든 것을 감싸 안는 용기처럼 전체 분위기를 감싸고, 집단 역동과 주의 깊게 움직이는 것이다.

개별 아동의 행동에 직접적으로 공감하며 반응하는 자리에 있는 게 아닌 그룹 리더는 집단으로 활성화되는 무의식적 내용에 훨씬 더 즉각적으로 영향을 받는다. 그래서 그들이 자신 안에서 경험하는 투사, 투사적 동일시, 신체화는 매우 강렬하기에 이것들은 적절하게 처리되어야 한다. 그룹 리더들은 전체 시스템의 촉매 역할과 심리적 소화를 이루어 낸다.

뮌헨 프로젝트의 한 그룹 리더는 자신의 경험을 다음과 같이 설명했다.

> 그룹 리더의 역할은 나에게 있어 새로운 도전이었다. 나는 그 역할을 구조화된 공간과 자유로운 공간의 사이에 서 있는 긴장의 장으로 인식했다. 나는 관찰하는 것과 관리하는 것 사이와, 행동과 행동하지 않는 것 사이에서, 적절한 결정을 끊임없이 내려야 했다. 개입이 필요할 때에도 보호를 제공하는 것과 기다리는 것, 규제하는 것, 자극을 제공하는 것, 그리고 조력자를 지원하기 위한 행동을 신중하게 구분해야 했다. 나는 이러한 역할을 종합적으로 '섬김(serve)'이라고 표현하고 싶다. 집단 역동은 마치 집단실에 있는 모든 참여자들이 '하나의 유기체'로 상호작용하는 것과 같았다. 그 안에서 다양한 하위과정들, 상호의존성, 아동-조력자 쌍이 가시적으로 명백하게 혹은 미묘하게 조화를 이루며 전체적인 현상을 만들어 내었다. 마치 건강한 유기체가 스스로를 조절하면서 발전하기 위해 계속해서 노력하는 모습을 보는 것처럼 경이로웠다.

이러한 지속적인 발전을 위한 추진력은 '상호 작용'이라는 촉매제에서 나온다. 열 두번의 세션 동안 그룹 리더 역할을 하면서 아동 서로 간에도 조절 효과가 있음을 확인할 수 있었다. 나이가 많은 아동은 규칙을 놀라울 정도로 빨리 인식하고, 설명을 듣거나 요청받기 전에 이를 지지하기 시작한다. 이것은 개별 아동의 놀이, 아동 간, 조력자 간 및 각각의 쌍에게 눈 맞춤, 얼굴 표정 및 몸짓을 통해 조용히 영향을 미친다. 결합과 분리로 이루어지는 복잡한 상호 관계 내에서 집단의 조절 과정이 계속해서 이루어지고 있었다.

나는 또한 관계와 역할의 구조적 복잡성, 그리고 매 표현 모래작업 세션마다 급변하는 상황을 관찰할 수 있었다. 그룹 리더의 핵심적인 역할은 '담아주기 containment' 이다. 이는 그룹 리더가 미묘하고 변화무쌍한 에너지 전체를 의식적으로 인식하고, 흡수하고, 내부에서 해결하는 과정을 의미한다. 우리가 여기서 만나는 아동들에게 제공하고자 하는 '담아주기'는 다른 국가 및 대륙에서 유사한 과정을 거치는 사람들을 돕는 상황에서도 일관되게 적용된다."

그룹 리더의 관찰과 연상에 대한 기록

다음은 첫 번째 세션과 열두 번째 세션에 대한 기록이다. 세션 중 또는 세션 직후에 기록되었으며, 현장감을 전달하기 위해 그룹 리더의 마음 상태 및 생각의 연상에 대한 원래 자료를 그대로 제시한다.

첫 번째 세션:

첫 표현 모래작업 세션이 시작된다. 나는 설렘과 기대감으로 가득 차 있고, 다른 조력자들도 마찬가지임이 느껴진다.

아이들이 도착하기 전이다. 모든 논의가 끝났고, 집단실도 준비되었다. 조력자들은 모래상자 옆에 앉아 아이들을 기다리고 있다. 예상보다 대기 시간이 길어진다. 프로젝트 리더는 도울 게 없는지 찾기 위해 곳곳을 살핀다. 역시나 아이들의 정시 도착은 순조롭지 않구나. 많은 이들이 연관되어 있으리라. 이 프로젝트의 주인공인 아이들, 아이들의 어머니, 부모의 지인들, 프로젝트 진행팀. 집단실 안은 명상적인 고요함이 흐른다. 나는 스스로에게 질문한다. 지금 아이들의 집에서는 무슨 일이 일어나고 있는가? 아이들과 어머니들은 괜찮을까? 나는 집단실의 열린 문 안쪽에 서서 복도에서 들려오는 소리에 귀를 기울인다.

앞으로의 내 임무에 대해 생각한다. 새로운 팀과 새로운 방식으로 일해야 하는 새로운 역할에 대해 숙고한다. 이 집단실에서 내가 있어야 할 곳은 어디인가? 지금은 문 앞인 것이 확실하다. 그런 다음에는? 나는 실용적인 태도를 유지하고자 한다. 호흡을 가다듬고 조력자들과 눈 맞춤을 유지한다. 이것이 내가 앞으로 제공해야 할 '지원'에 대해 인식한 첫 번째 역할이다.

아이들이 도착했다. 스텝 E와 L의 안내를 따라 어두운 피부색의 아이들이 집단실로 쏟아져 들어왔다. 아이들은 낯선 사람들, 놀이재료, 모래상자를 둘러보며 방향을 찾고 있다. 잠시 주위를 둘러보다가 대부분 빠르게 놀이재료에 손을 뻗는다.

많은 움직임과 소음이 일어난다. 나는 어떤 형태의 질서가 나타날 것이라는 믿음을 지키며 숨을 고른다. 특히 프로젝트 리더 한 명이 아이들에게 그들의 모래상자와 자리를 찾도록 도와주는 모습이 눈에 띈다. 아직 아이들은 조력자를 자신을 돕기 위한 인물로 인식하지는 않는 것 같다.

많은 아이들이 곧 놀이를 시작한다. 대부분은 다양한 놀이재료에 마음이 사로잡혀 집단실 한가운데 있는 놀이재료 상자에서 많은 시간을 보내고, 대화도 많이 한다. 바닥에 앉아 놀이재료를 탐색하고, 거기에서 바로 놀기 시작한다. 약간의 개입을 받으며 점차 자신이 여기서 놀이하게 될 방식과 자리를 알아차린다. 이제 침묵 속에 있던 조력자들과 자기가 놀이할 모래상자에 대해서도 이해했다.

침묵과 혼돈 : 이제 동요는 점차 침묵의 국면으로 접어든다. 가끔 다시 소란스러워질 때도 있지만, 지속적인 개입을 받으며, 다시 질서를 되찾는다. 이는 그룹이 개인적으로 그리고 집단적으로 자기를 건강하게 조절하는 능력을 가동하기 시작하는 첫 징후인 것 같다. 강렬한 기쁨을 느끼며 안도의 한숨을 쉰다. 아이들은 기꺼이 자발적으로 조력자들의 제안과 질서를 잘 받아들이며 놀라울 정도로 빠르게 적응했다.

나의 역할은 일종의 '살아있는 물음표'이다. 집단실 안을 눈으로 훑으며, 그 안에서 떠오르는 인상과 인식, 장면을 수집하고 분류한다. 집단실 내부가 한 눈에 들어오는 지점을 벽 부근에서 찾았다. 호흡을 가다듬으며 집단실에도 존재하고 내 안에도 있는 생생한 침묵에 접근한다. 나는 숙련된 스텝인 E와 L에 대해 생각한다. 그들은 지금 어디에 있는가? 그들은 무엇을 하고 있는가? 그들은 관찰하고 있는가 아니면 개입해야 하는 상황에 처했는가? 다른 조력자들은 어떤 인상을 받고 있는가? 도움이 필요한 사람이 있는가? 각 아동은 어디에서 무엇을 하고 있는가? 개입이 필요한 곳은 어디이며, 스스로 조율하도록 두어야 하는 곳은 어디인가? 나는 상황에 대한 관찰과 인식, 그에 따라 행동하거나 행동하지 않는 것 사이에서 팽팽한 긴장을 느낀다.

서서히 나는 몇몇 아이들에게 직접적으로 개입하기 시작한다. 어떤 방식으로든 도움을 줄 수 있는 방법을 찾기 위해 조력자들의 신호를 주시한다. 이는 벽에 있던 '나의' 자리를 떠나 집단실을 자유롭게 이동한다는 것을 의미한다. 아직은 낯선 아이들에게 눈 맞춤, 몸짓, 또는 가벼운 두드림을 통해 좀 더 조용히 해달라고 요청하거나, 다른 아이들을 방해해서는 안 된다는 것을 알려준다. 그리고 그들의 모래상자가 어디에 있는지도 상기시켜 준다. 나는 E나 L처럼 개입하고 싶은 충동을 억제하며, 조급하게 '너무 많이' 개입하지 않으려고 노력한다. 나는 때때로 내가 한 걸음 앞으로 나아갔다가 바로 뒤로 물러나고 있음을 알아차린다.

첫 번째 세션 종료 : 아이들은 마지막 순간까지 놀이에 열중했다. 종이 울리며 세션의 종료를 알렸다. 아이들 대부분이 '다 놀았다'는 표정을 지으면서도, 다음 세션이 있다는 것을 확인하고 안도하는 모습을 보였다. 아이들이 입장했을 때와는 달리 퇴장은 차분하고 질서정연했으며 집단적인 모습을 보였다. 피곤함을 느꼈다."

관찰할 때 따라야 하는 특정 패턴이 정해져 있다거나, 놀이 순서를 체계적으로 기록해야 한다거나, 아동의 신체 언어를 정확하게 포착해야 하는 것이 아니기 때문에, 리더는 새롭고 복잡한 경험을 하게 된다. 그들은 판단 없이 생각과 감정의 흐름을 인식하고 기록할 의무만 있다. 특히 비전문가 조력자의 경우 세션 중에 일어나는 일들을 그대로 인식하며 따라가는 것이 즉시 반영하는 것보다 더 중요하다. 잘 훈련된 심리상담사에게 후자는 전자를 포함한다. 즉, 그들은 의미 있는 순간들을 직관적으로 인식하고 반영하는 것에 익숙하다. 다음은 위의 그룹 리더가 적은 열두 번째 세션에 대한 기록이다. 그동안 많은 심리적 처리가 이루어져 왔다.

열두 번째 세션:

아이들이 집단실에 들어올 때, 한꺼번에 들어오도록 하는 것보다 작은 단위로 나누어 안내하는 것이 더 유익하다는 것을 알게 되었다. 이렇게 하면 세션을 더 조용하게 시작할 수 있다. 오늘도 아이들은 집단실 중앙에 놓인 놀이재료 상자를 향해 곧장 간다. 조력자와 눈을 맞추는 것은 나중이다. D는 제외이다. D는 마지막으로 집단실에 도착해서, 들어오자마자 그의 조력자인 I와 눈 맞춤을 하고, 놀이재료를 쳐다본다. 아이들의 이 모습들을 지켜보는 것이 정말 즐겁다.

아이들이 절차에 잘 적응해 가는 것을 보면서 잔잔한 기쁨을 느낀다. 필요한 개입은 '기본적'인 수준에 머무른다. 재료 상자 주변의 의사소통이 과하지 않도록 통제하면서 아이들에게 그들의 모래상자를 상기시키는 정도이다. 조력자들이 차분한 태도와 실존적인 동행으로 자신의 자리를 지키고 있는 것이 느껴진다. 자신만을 위한 이 믿음직하고 세심한 존재를 경험한다는 것은 아이들에게 얼마나 큰 선물일지 생각한다."

다음은 같은 프로젝트의 다른 그룹 리더가 마지막 세션 후에 적은 기록을 요약한 것이다. 그녀는 특히 두 아동의 변화에 대해 언급한다.

다양한 차원의 지원과 자원들이 풍부했다. '자유롭고 보호된 공간'과 창조적인 놀이시간의 제공이란 것을 시작부터 체감할 수 있었다. 아이들이 이 특별한 분위기를 놀이나 저항을 통해 배워가는 것을 보며 감동을 받았다. 첫 번째 세션과 열두 번째 세션 사이에 내가 감지한 질적인 변화를 설명하려고 한다. 매우 겁이 많던 소녀들이 점점 당당해져 가는 것과, '말썽꾸러기'들이 침착해져 가는 것을 보며 놀랐다. 이 중에서 특히 두 소년에 대한 사례를 간략하게 소개하려고 한다.

처음에 한 소년은 프로젝트에 참여하기에는 너무 어려 보였고(4세도 안 됨) 발달 장애 징후도 있었다. 리드미컬한 흔들림, 적은 눈 맞춤, 대화가 어려운 상태, 보이지 않는 벽에 부딪힐 때까지 달리는 것, 혼란스러운 모습 등이다. 그는 다른 아이들의 모래상자에만 관심이 가는 것 같았지만, 매 세션이 끝날 때는 항상 조력자 옆에 있는 자신의 모래상자에서 마무리하는 모습을 볼 수 있었다. 조력자가 매번 그를 어떻게 데리고 오는지, 소년이 어떻게 다채로운 유리구슬을 발견하고, 그것을 던질 때 얼마나 기뻐하는지 관찰할 수 있었다. 소년의 조력자가 그의 행동을 기쁨으로 지켜보며 반영해 주는 모습은 감동적이었다. 소년의 놀이 행동은 더욱 목적성을 띠어 가면서 '놓아주는letting go' 성격도 함께 발달했다. 소년은 조력자를 안정감을 주는 지점으로 사용했고 우리 모두와의 눈 맞춤도 늘어갔다. 그가 도착하면 나는 그의 존재를 알아차릴 수 있었다.

다른 소년은 열 살이었고 공격성이 가득한 상태로 세션에 오는 경우가 많았다. 그는 모래상자보다 집단실 중앙에 머무르는 것을 훨씬 더 좋아했다. 큰 소리로 말하고, 다른 아이들에게 놀이재료를 나눠주고, 나이 많은 소년들을 조롱하고, 지시에 따르지 않고, 어린 소년들의 모래 이미지를 비웃는 등 문제 행동을 여러 세션에 걸쳐 반복했다. 다른 아이들이 점차 더 차분해지고 더 집중하게 되면서 그의 문제 행동은 더욱 눈에 띄게 드러났다. 이 소년의 조력자는 항상 그에게 집중했고, 그녀의 차분한 분위기로 소년과 교감하려고 노력했다. 그룹 리더들도 그녀와 똑같이 행동했다. 열 번째 세션에서 소년은 조력자에게 모래상자를 바닥에 놓고 싶다고 말했다. 그런 다음 소년은 어린아이처럼 바닥에 앉아 오랫동안 놀았다. 모래 위에서 나비들로 원을 만들면서 조용히 흥얼거렸다. 나는 이 순간에 감동했다. 마침내 그의 어린아이 같은 모습을 발견한 순간이었다. 그와의 마지막 두 세션도 개입이 필요하긴 했지만, 그는 분명히 달라져 있었다. 예를 들어, 다른 나이 많은 소년들과의 상호작용이 손으로 밀치는 것이 아니라 함께 놀자고 제안하는 것으로 바뀌었다.

집단실에서 명백했던 아이들의 변화가 일상적인 환경에서도 나타났는지 알고 싶었다. 평소에 아이들을 돌보던 사회복지사가 내 궁금증에 답해 주었다. 아이들은 더 차분해졌고, 대화하기가 쉬워졌고, 더 수월하게 배우며, 이전과 다른 방식으로 또래와 어울린다고 했다."

크리스티안 루츠는 자신의 표현 모래작업 프로젝트 경험을 다음과 같이 요약했다.

> 난민 어린이들과 함께 하는 표현 모래작업은 심리상담사가 치료 과정에서 주는 사람인 동시에 받는 사람이 된다는 우

리의 믿음(C. G. Jung도 반복해서 강조했음)을 확인시켜 주었다.

우리의 인간성이 양극으로 정의된다는 것이 명백해졌다. 고통스러운 사건, 갈등, 고통, 절망 등 모든 종류의 트라우마 경험은 활력, 힘, 인내, 생존 의지와 같은 정반대 요소를 항상 동원한다. 처음에 이 원리에 대해 잠정적인 믿음을 가졌던 참여자들도, 세션이 진행됨에 따라 이를 사실로 믿게 되면서, 동요, 진심 어린 연민, 무력감이 일어날 때가 있어도 안정감을 유지할 수 있었다. 계획대로 프로젝트를 수행하는 데 있어 한계를 직면하기도 했고, 슬픔, 두려움, 공격의 역전이 감정을 경험하기도 했다. 그러나 아이들의 모래 이미지는 희망에 불을 지펴 주었고, 정신의 자가 치유 능력에 대한 믿음은 더욱 강화되었다.

표현 모래작업 프로젝트는 높은 수준의 책임감을 요구한다. 우리는 과거의 부정적인 경험이 의식화되도록 허용하고, 깊은 정서적 수준에서, 그리고 긍정적이고 끈기 있는 방식으로 그 경험들과 관계를 맺어야 한다는 것을 알고 있다. 아이들이 자신의 모래 창조물에 위협을 느끼지 않도록 해야 한다. 대신 아이들이 조력자를 믿을 수 있고 의지할 수 있다는 것을 배우도록 한다. 이 모든 것을 조용하고 섬세하게 제공하는 것은 매우 중요한 일이다."

집단 지향적인 야지디족

독일의 난민 가족과 함께한 또 다른 프로젝트는 야지디족 여성과 아동을 위한 집에서 진행되었다. 2015년, 쿠르드족 정신과 의사인 얀 키질한Jan Kizilhan의 주도하에 1,000명의 야지디 여성이 IS 억류에서 구출되어 바덴뷔르템베르크로 이송되었다. 이들은 특별 할당제를 통해 거주 자격을 얻어, 이미 독일에 살고 있는 15만 명의 야지디 인구에 합류했다. 이 여성들과 그 자녀들은 외상 후 스트레스 장애와 문화적 충격이라는 두 가지 요소를 극복해야 했다. 지금 당장은 안전하지만 미지의 사회문화적 환경에 적응해야 한다. 모든 난민이 이 정도의 도전을 경험하지만, 이슬람보다 오래된 종교이며 공동체적 생활을 하는 야지디의 경우 이 과도기는 큰 도전이다. 가령, 야지디 여성들은 그룹으로 또는 적어도 짝으로만 외출한다. 난민 숙소의 모든 방은 공동으로 사용되기에 노크할 일이 없다. 야지디족 여성들은 개인 심리치료를 받은 적이 없다. 표현 모래작업 프로젝트는 이러한 집단과 상황에 유익하다고 입증되어 왔다. 우리는 이미 콜롬비아에서의 경험을 통해 집단적 트라우마는 개인 심리치료 이상의 것을 필요로 한다는 것을 경험했다. 집단적 트라우마는 집단 내에서 처리되어야 한다. 이렇게 집단 지향적인 공동체는 집단 심리치료 제안을 신속하게 받아들인다. 마치 집단 활동의 지지적이고 변형적인 기능에 대해 잘 알기에 이를 기다려 온 것처럼 말이다. 모래놀이의 비언어적 표현

수단이라는 특징도 더해져 치유에 촉진적인 역할을 했다.

극심한 외상을 입은 아동에게 표현 모래작업의 잠재적 효과가 어떠한지는 다음의 사례에서 볼 수 있다. 어머니와 함께 난민 숙소에 사는 야지디족 아이들은 일상적인 상호작용에서도 자주 공격적이었다. 서로를 모욕하는 데 거의 주저함이 없다. 이는 IS에게 잡혀 있던 2년 동안 부정적인 모델을 배웠기 때문일 것이다. 그럼에도 불구하고 야지디족 아이들은 기본적으로 관심과 존중으로 대우받는 문화적 맥락에서 자랐기에, 안정 애착 행동을 보였다. 예를 들어, 야지디 종교는 4원소와 동물들을 신성한 것으로 간주하고, 이에 대한 영향으로 아이들은 자연을 가까이하며, 자신의 몸을 소중하게 여기는 경향이 있다. 또한, 도덕성과 공동체를 지향하는 양육을 받으며, 세대를 거듭해 전수되어 온 신화, 이야기, 의례 및 상징적 의식의 풍부한 정신적 양분 덕분에 아이들의 문화적 소속감이 강하다. 이 이야기들에는 야지디족이 수세기 동안 겪은 박해, 침략 및 불의에도 불구하고 결코 증오나 복수로 대응하지 않고, 대신 이라크 북부의 산악 지역으로 철회했다는 내용이 포함되어 있다. 이슬람의 대대적인 공격에도 불구하고 자신의 전통과 종교를 지켰다는 자부심이 이 이야기들에서 중심적인 역할을 한다. 이러한 문화적 특징은 상당히 심각한 외상도 처리할 수 있는 좋은 양분을 제공하였고, 따라서 아이들의 회복력은 뛰어났다. 그들은 활기찼고, 지식에 목말라했으며, 새로운 환경에 관심이 많았고, 이미 독일어를 능숙하게 구사했다.

IS피해자 9세 소년의 모래놀이 과정

첫 번째 사례:

어머니와 많은 형제들과 함께 IS에 포로로 잡혀 있었던 9세 소년은 이미 6번의 세션을 마쳤다. 그의 형들은 살해당했거나 실종되었다. 심하게 외상을 입은 아이들이 흔히 그렇듯, 그는 아주 잠깐, 몇 분 동안만 모래에서 놀았다. 그럼에도 불구하고 그의 조력자는 그의 내면에서 이미 많은 것이 활성화되었다는 인상을 받았다. 소년이 만든 어떤 전쟁 장면은 조력자에게 깊은 인상을 남기기도 했다. 아래에서 묘사할 상황은 경험 있는 프로젝트 리더들에게는 낯설지 않다. 아동이 과거에 겪은 일에 대한 감정적 어려움을 말로 전달하고 싶은 충동이 올라올 때 대부분 조력자에게 말하지 않는다. 표현 모래작업 세팅은 두 사람 사이의 친밀한 대화를 조성하는 데 효율적인 구조가 아닌 점도 있다. 아동이 비밀을 터놓을 누군가가 필요하고 아동의 생활 환경이 안전한 편이라면, 그 환경에서 이야기를 들어줄 사람을 찾는다. 프로젝트가 진행되는 도중이나 끝난 후에 교사, 부모, 사회복지사에게 중요한 문제를 털어놓는 일이 흔하다. 이 소년의 경우도 마찬가지였다. 그의 학교 선생님은 교실에서 소년에게 수업과 관련된 질문을 했고 그는 대답할 수 없었다. 그러고는 갑자기 눈물을 터트리며 "나는 왜 이리 멍청하지, 왜 나는 아무것도 모르지?"라고 말하며 소리를 질렀다. 선생님이 위로하려 했을 때, 소년은 "내가 IS가 하는 짓을 보아서 이렇게 멍청한가?"라고 말하며 흐느껴 울었다. 소년은 급우들로부터 격려를 받았다. 소년의 감정이 선생님과 급우들에게 들려졌고 적절하게 담겨졌다. 소년은 수 개월간 자신을 짓누르던 아픔을 용기 내어 표현할 수 있었다. 이것은 소년이 프로젝트가 시작된 이후 외상 경험을 직접 처리한 첫 번째 일이었고, 거대한 디딤돌이었다. 소년은 무의식적으로 정서적 안정을 얻기 위해, 자신의 감정 표현을 받아줄 수 있는 적절한 상황(학교 수업)을 선택했다. 아마 소년이 이와 같은 표출을 같은 외상을 지닌 어머니와 형제들에게 했더라면 호의를 덜 받았을 것이다.

두 번째 사례:

S는 활기차고 주의 깊은 눈빛을 가진 11세의 야지디 소년이다. 그는 발로 축구공을 균형 있게 굴린 다음, 전문적인 발차기를 선보였고 공은 원을 그리며 그의 목덜미에 정확히 떨어졌다. 그는 완벽한 독일어를 구사하며 축구 훈련을 한 번도 빠진 적이 없다. 학교에 가는 것을 매우 좋아하며, 선생님들은 그의 지식에 대한 열정을 칭찬한다. 하지만 쉬는 시간에 다른 아이들이 운동장에서 뛰어놀 때, S는 구석에 앉아 생각에 잠기곤 한다. 그의 아버지는 IS에 의해 살해당했고, 그와 어머니, 누이, 남동생은 IS에 납치되어 물 한 주전자만 있는 지하실에 몇 주 동안 감금되었었다. 그리고 그는 병사 훈련을 받았다. 그 경험에 대해 말할 때, 그의 얼굴에는 오싹한 미소가 스치고, 듣는 사람들은 목이 메는 것

을 느낀다. 지하실에서 탈출하려는 첫 번째 시도가 실패한 후, S는 형과 분리되었고 다시는 그를 보지 못했다. S와 어머니, 여동생은 두 번째 탈출 시도 끝에 목숨을 건졌다.

첫 번째 세션

S는 프로젝트에 참여하는 12명의 아동 중 가장 마지막으로 모래상자에 자리를 잡았다. 무엇을 해야 하는지 아직 모르는 듯 머뭇거린다. S는 이 집단에서 가장 나이가 많다. 조력자를 흘긋 바라보자, 그녀는 시작해 보라고 격려하는 몸짓으로 응답한다. 마치 '다른 아이들처럼 모래에서 놀아보는 게 어때?'라고 말하는 것 같다. S는 모래를 파기 시작하더니 모래 둔덕을 만든다. 조력자는 노트에 몇 단어를 적는다. 그런 다음 S는 치료실 한가운데에 설치된 놀이재료 전시대로 가서 크고 검은 쥐를 가지고 돌아온다. 쥐 꼬리를 잡고 앞뒤로 달랑거리며 흔든 다음 모래상자에 떨어뜨린다. 그러고는 쥐를 모래에 묻고 그 위의 모래를 세게 두드리고 다시 쥐를 빼낸다. 이 동작을 여러 번 반복한다. 조력자의 연필은 노트의 종이 한 장을 훑고 지나간다. S는 이제 고무 개구리를 가져와서 자세히 관찰한 다음 벌린 입에 모래를 집어넣는다. 너무 많은 모래 때문에 터질 것 같다. 그다음에 S는 다른 아이들이 모래놀이에 집중하는 동안 재료 상자에서 무언가를 찾기 위해 허둥대다가 마침내 대나무 막대기를 찾았다. 그는 모래상자로 돌아와 조력자를 보지 않고 막대기로 개구리의 배를 사방에서 찔렀다. 그의 입술은 일자

로 오므려진다. 그의 앞머리 선을 따라 이마에는 땀방울이 맺혀 있다. 집단실의 침묵이 한층 더 무거워진다. S는 이제 개구리를 모래 깊숙이 파묻고 그 위에 더 많은 모래를 쌓고 온 힘을 다해 계속해서 두드리고 누른다. 조력자는 손으로 그녀의 의자 가장자리를 잡는다. 그녀의 노트는 모래상자 옆에 놓여 있다.

네 번째 세션

S는 나무 블록을 사용하여 높고 불안정한 건축물을 만들었다. 3층 높이의 언제든지 무너질 수 있는 구조였다. 이 건축물 위에는 두개골이 놓여 있었고, S는 조력자를 여러 번 흘깃 쳐다보며 '제가 이렇게 만들어도 되나요? 이것은 그대로 서 있을까요, 떨어질까요?'라고 묻는 것처럼 보였다. 이후 여러 세션 동안 S는 이와 같은 건축물 짓기를 반복한다. 때로는 그대로 서 있고 때로는 무너진다. 무너지면 참을성 있게 재건한다.

일곱 번째 세션

S는 병사들을 세우고 가상의 권총으로 그들을 쏘고 모래에 묻는다. 그런 다음 묻은 병사들 중 몇 개를 꺼낸다. S는 병원 침상을 가져와 병사들을 눕히고 의사와 간호사들로 둘러싼다. 이후 여러 세션에 걸쳐, 총격전, 의사와 간호사, 부상자를 위한 수술 장면이 번갈아 가며 등장한다.

열한 번째 세션

오늘 S는 새로운 주제를 표현한다. 많은 축구 선수를 가져와 골대, 심판, 두 팀, 관중이 있는 축구장을 만든다. 조력자를 향해 환하게 웃고, 조력자는 따뜻한 감정의 물결을 느낀다. 세심하게 모든 피규어를 배치하고, 또 배치한 후에 S는 이제 축구 경기가 시작된다는 신호를 보낸다. 선수가 쓰러지지 않도록 매우 조심스럽게 S는 한 선수에서 다른 선수로 축구공을 보내며 공을 앞뒤로 굴린다. 심판은 사이드라인에서 공을 따라 달리고, 선수들은 공을 차며 경기를 진행한다. 관중들이 함성을 지른다. 골!

열두 번째이자 마지막 세션

S는 세션에 나오지 않았고, 대신 축구 연습을 간다는 메시지를 보내왔다.

제7장

루마니아 보육원에서의 표현 모래작업 프로젝트

Expressive Sandwork in
Children Homes in Romania

한쪽 눈은 파랗게 빛나고 다른 쪽 눈은 초록색으로 빛나며 어머니의 얼굴에 신비로운 분위기를 더했다. 이 얼굴에는 슬픔이 없었고 충만한 평온함만 있었다.

보육원 생활 아동의 상황

　루마니아의 보육원 생활 아동 수는 다른 유럽 국가보다 훨씬 더 많다. 표현 모래작업 프로젝트에 참여하는 아동은 6세에서 16세 사이로, 전 국가 원수 니콜라에 차우셰스쿠(1918-1989)에 의해 시행된 강제적인 출산 장려 정책으로 태어난 세대의 손자와 증손자들이다. 루마니아를 세계 강국으로 만들겠다는 공격적인 인구 통계 정책이었다. 국가는 아동에게 적절한 보살핌을 제공하는 것을 의무화했지만, 대가족에게는 그럴 여유가 없었다. 시골과 도시를 막론하고 수많은 아동이 불결한 위생 상태에서 자랐다. 많은 소녀가 어린 나이에 임신했다. 낙태는 불법이었기 때문에 많은 혼외 자녀가 다음 세대에 생겼고, 이들은 제대로 된 신체적, 정서적 돌봄을 받지 못한 채 국영 보육원에 맡겨졌다. 90년

대까지만 해도 보육원의 위생 및 교육 기준은 상당히 비인도적이었다. 유일한 대안은 위탁 가정이었다. 위탁모는 국가로부터 소정의 재정적 지원을 받는 대신, 위탁 아동을 맡아 돌볼 수 있는 믿음직스러움과 정서적 안정을 보여주어야 했다. 그러나 같은 집에 사는 위탁부에게는 같은 기준을 적용하지 않았다. 오늘날에도 여전히 국영 및 사립 보육원에 있는 많은 아이들은 이미 두세 개의 위탁 가정에서 가정폭력과 성 학대를 경험했다. 또한, 부쿠레슈티에는 지하 하수도에서 집단 생활을 하는 아동이 많다. 이들 중 몇몇은 표현 모래작업 프로젝트에 참여했다. 아이들이 공황 상태에 빠질 수 있기에 프로젝트 전에 쥐와 박쥐를 제거하는 등 놀이재료를 신중하게 골랐다.

많은 루마니아 아동이 조기 애착 장애로 고통받고 있다. 많은 부모가 해외에서 일하기에 조부모나 다른 친척 또는 지인에 의해 양육되거나 대부분 방치된다. 부모가 명절에 돌아와도 자녀와 제대로 된 관계를 맺지 못하는 경우가 많다. 그 결과 부모와 자녀 양측 모두에게 실망, 분노, 우울 등의 감정이 생긴다. 청소년의 자살률이 높고 수업 중 공격적 행동을 보이거나 학교를 중퇴하는 비율이 증가하고 있다. 많은 청소년들이 새로운 문제에 직면하고 있다. 어린 시절을 자극이 거의 없는 환경에서 보내다가 중독성 물질과 가상 이미지로 가득 찬 세상에 갑작스럽게 노출되면서 내면의 정서적 안정을 발전시킬 기회를 놓친다. 이 엄청난 자극에 대처하는 방법을 가르쳐주는 사람도 없다. 그 결과 수동성과 중독, 그에 따른 좌절과 폭력의 소용돌이에 휘말려 들어간다.

지난 수십 년 동안 루마니아는 경제 성장을 이루었고, 이와 더불어 국가 및 민간 기관의 심리적 지원도 증가하였다. 그러나 여전히 아동 및 청소년의 심리치료에 대한 수요는 상당히 높다. 두 세대에 걸쳐 방치된 아동기 영향을 완화하려면 수십 년이 더 필요하며, 실로 심리 상담사 군대가 필요할 것이다. 장기적인 결과로 사회적 행동에 문제가 있는 성인들을 양산하고, 집단적·정치적 차원에서는 민주화의 발전을 저해할 수 있다는 것이다.

극단적인 환경에 처해 있는 12세 소년 미하이

루마니아에서의 다음 사례는 아동이 최소한의 보호와 보안이 보장되지 않는 극단적인 환경에 처해 있는 경우, 모래놀이 제안을 받아들이기 어려움을 보여준다.

주로 로마니(Roma, 루마니아에 약 육십만 명이 있음)의 어두운 피부색 어린이로 구성된 집단에서 미하이는 밝은 피부색의 잘생긴 12세 금발소년이었다. 온화한 표정과 예의 바른 태도를 가지고 있었다. 미하이는 네 번의 세션 내내 열의 없이 참여하고 있었다. 조력자와 끊임없이 눈을 맞추며 교감했지만, 모든 것이 지루하다는 의사를 간접적으로 내비쳤다. 다섯 번째 세션에서 그는 30분 만에 놀이를 중단했고 이것은 어린애들이나 하는 것이기 때문에 더 이상 참여하고 싶지 않다고 말했다. 조력자는 미하이에게 그에 대해 이야기하도록 권했다. 보통 참여자가 일찍 놀이를 마치면 그렇듯 둘은 함께 모래놀이 집단실을 나가, 보육원 휴게실의 조용한 구석에 앉아 이야기를 나눴다. 약간의 주저함 끝에 미하이는 자신이 싫어하는 것은 사실 모래놀이가 아니라고 털어놓았다. 그가 견딜 수 없었던 것은 다른 아이들이었다. 그는 '그 로마니'를 참을 수 없었다. 미하이에게 그들은 아무짝에도 쓸모없는 도둑이자 범죄자였고 "우리나라를 망치고" 있었다. 조력자는 그가 뜻하는 바가 무엇인지 그리고 왜 이 아이들과 같은 집단에 있는 것이 힘든지 충분히 말하도록 했다. 엄청난 분노가 표출되기 시작했다. "그 로마 폭도들은 히틀러가 유대인들에게 했던 것처럼 모두 총살당하고 근절되어야 해요. 그들은 해충이니까 박멸해야 해요. 내가 히틀러만큼 강했다면 그들에게 보여줬을 거예요. 하나씩 모두 쏠 거예요. 탕, 탕, 탕."

조력자는 큰 충격을 받았지만, 답을 찾기 위해 노력했다. 조력자는 자신의 감정적 반응을 존중하면서도 동시에 보복의 두려움 없이 증오를 품을 수 있는 미하이의 권리도 인정했다. 그녀는 "네가 말하는 것이 날 많이 두렵게 해. 언젠가 너에게 죽는 게 내가 될 수도 있잖아."라고 말했다. 소년은 즉시 손을 저으며 말했다. "아니에요! 선생님 말고요! 선생님은 좋은 사람에 속해요. 나는 선생님을 죽이지 않을 거예요! 정말 아니에요!" 그의 눈에 눈물이 고였다. 조력자는 미하이에게 다음 세션에 오면 휴게실에서 또 이야기할 수 있다고 제안했다.

이 에피소드는 팀에서 논의되었고 조력자들 사이에서 고통, 무력감, 슬픔, 두려움 및 막막함을 유발했다. 사실, 미하이는 보육원에서 일종의 예외적인 지위를 가지고 있었다. 그곳에서 성장하는 대부분의 아이들과 달리 미하이는 어머니와 의붓아버지로 구성된 원가족이 있었고, 보육원에서는 부분적으로 생활했다. 그는 정기적으로 가족에게 돌아가는 것이 허용되었다. 보육원의 행정부는 이것이 소년의 품행에 달려 있는지, 아니면 다른 요인에 달려 있는지에 대해서는 설명하지 않았다.

팀 논의에서 소년의 파괴에 대한 환상이 진지하게 받아들여질 수 있고, 역설적으로 자원 지향적인 방식으로 이해될 수 있다는 의견이 제기되었다. 만약 모든 로마니가 지상에서 사라진다면, 그가 살고 싶은 세상은 어떤 모습일지 그에게 물어볼 수도 있을 것이다.

조력자는 미하이와의 다음 대화에서 이 방향을 선택했다. 그녀는 지난번 그가 한 말에 대해 깊이 생각했고 로마니가 더 이상 존재하지 않는 세상을 상상해 보려 했다고 말했다. "만약 네 소원이 정말로 이루어졌고, 단 한 명의 로마니도 없다고 상상해 본다면……" 조력자가 말을 마치기도 전에 그가 소리쳤다. "그건 가능하지도 않아요. 난 할 수 없어요. 난 그렇게 강하지 않다고요! 내가 얼마나 약한지 알아요? 의붓아버지인 마리우스한테조차 날 보호할 수 없다고요! 선생님은 나에 대해 아무것도 몰라요."

조력자는 조용히 그의 말을 들었다.

그는 계속 말했다. "그게 쉬울 거라고 생각하세요? 절대 아니에요. 마리우스는 어머니를 때렸어요. 한 번이 아니라, 적어도 40번은 때렸다고요. 그녀의 온몸에 든 멍이 가실 날이 없어요. 몇 달 전까지 잠잠하다 싶더니 다시 시작하는데, 내가 할 수 있는 게 아무것도 없어요! 상상이라도 할 수 있겠어요? 키 2미터에, 몸무게 165킬로그램이에요. 뚱뚱한 게 아니라, 근육질로 다져진 강한 남자! 그런 사람에게 펀치를 맞는 게 어떤 건지 알기나 해요? 그는 나를 두 번이나 때렸고, 팔이 부러질 뻔했어요."

"의붓아버지가 루마니아인이니, 아니면 로마니야?"

"루마니아인이에요. 로마니를 혐오해요. 거리에서 로마니하고 싸움질을 하고 다녀요. 한번은 남자, 여자, 어린이를 포함한 일곱 명의 가족 전체를 두들겨 팬 적도 있어요."

"네가 가진 로마니에 대한 분노 중 일부는 그에게 배운 것일 수도 있니?"

"그렇진 않아요. 어쨌든 나는 그들을 싫어하거든요. 로마니가 없었다면 세상은 완벽했을 거예요. 하지만 그렇다고 그들을 다 죽일 수는 없어요. 그러면 나는 히틀러보다 더한 악마가 되는 거잖아요. 그들을 한꺼번에 쏘지는 않을 거예요. 시험을 주고, 통과하지 못하면 탕, 한 명씩 없애 버리겠어요. 마리우스는 동네에서 악명이 높아요. 모두가 그를 알고, 모두가 그를 두려워해요."

"그는 직업이 있니?"

"그는 깡패예요. 사람 때리고 다니는 게 일이죠."

이러한 환경을 고려하면, 소년의 정신 내부에서 편집증 체계가 어떻게 발달했는지 이해할 수 있다. 그가 자신의 무력함을 인식할 때마다 이 체계가 흔들리기 시작하고, 다시 강화되었다가, 그가 경험하는 어려움의 핵심인 그의 폭력적인 계부에 대해 말할 때 다시 흔들렸다. 미하이는 생명을 위협하는 환경에서 살고 있었고 어머니를 잃는 것도 두려워했다. 그는 어머니와 함께 살 권리를 잃을까 봐 누구에게도 이러한 두려움을 말하지 않았다. 그는 여전히 매일 어머니의 생명을 걱정해야 했기 때문에, 보육원에 있는 시간도 그에게 충분한 안전을 제공하지 못했다. 어떤 치료적 개입을 하더라도, 미하이는 먼저 안전한 환경을 찾는 것이 절실히 필요하다.

네 번의 표현적인 표현 모래작업 세션을 통해, 그는 적어도 자신의 상황에 대해 말할 수 있었다. 도움을 청하는 아이의 절규를 무시하고 아이를 피해자로 남겨둔다면, 편집증적인 방어기제가 점차 아이의 정신에 뿌리 내리고 아이의 삶을 지배할 것이다. 미하이가 표현 모래작업을 거부한 것은 그 상황에서 필요한 유형의 도움을 받기 위한 생명줄이었다. 그러나 안타깝게도 우리는 미하이와 그의 어머니가 관할 기관으로부터 필요한 보호를 받았는지 여부에 대해서 확인할 수 없었다.

공격적인 13세 소년 루카

또 다른 예는 다른 보육원에서 공격성으로 유명했던 13세 소년 루카에 관한 것이다. 루카는 표현 모래작업 프로젝트가 흥미로운 경험이 될 수 있다는 것을 금방 알아챘지만, 첫 번째 세션에서 무기처럼 손에 들고 있던 막대기를 두고 들어가기를 거부했다. 결국 루카는 참여하고 싶지 않다고 했지만 표정은 침울했다. 프로젝트 리더는 루카가 막대기를 필사적으로 붙잡고 다니며, 다른 아이들을 때릴 때 자주 사용하는 것을 보았다. 리더는 모래놀이 집단실에는 무기가 필요하지 않다고 설명하려고 했다. 모든 사람이 자신만의 공간을 갖고 있고, 모두를 위한 충분한 놀이재료가 있다고 말했다. 루카는 고개를 저었다. 그는 막대기 없이는 거기에 들어가지 않을 작정이었다. 프로젝트 리더는 이대로는 남은 프로젝트 기간 동안 이 소년을 잃게 될 것을 알아차리고는, 위험을 감수하기로 했다. 리더는 "좋아. 막대기를 가져가서도 돼. 단, 모래상자 옆에 놓고 세션 중에는 사용하지 말아야 해."라고 제한적으로 동의했다. 루카는 약속을 지켰다. 그 무기는 방해를 일으키지 않고 이후 모든 세션 동안 그와 함께했다.

프로젝트 리더가 예외를 허용할 때 참고하는 기준은 한 아이의 행동으로 인해 집단 전체가 혼란을 겪을 수 있을지의 여부이다.

이런 점은 모성 원리와 부성 원리의 상호작용과 관련이

있다. 조력자의 본질적인 역할은 아동이 보여줄 수 있는 모든 형태의 행동을 수용하고 포용하는 것이다. 반면, 그룹 리더의 역할은 모든 참여자를 보호하기 위해 규칙을 준수하도록 하는 것이다. 다른 참여자의 모래상자에서 재료를 꺼내는 것, 비웃는 것, 놀리는 것, 의도적으로 놀이재료를 깨뜨리는 행위 등은 치료적 환경의 틀을 깨뜨리는 행위이므로 제지된다. 이 방식에 대해 더 구체적인 지침은 없으며, 각 그룹과 문화마다 다른 자기조절 메커니즘과 역량을 고려한다.

때로는 조력자가 우려 사항, 두려움, 불안감 또는 공격성을 표현할 수 있도록 팀 논의를 진행하여, 이전 세션의 불안한 분위기가 반복되지 않도록 한다. 8개국에서 15년간 진행된 표현 모래작업 프로젝트에서 방해하는 행동 때문에 프로젝트에서 제외된 아동은 한 명도 없었다. 나는 이것이 큰 지지적인 그룹을 통해 전달받는, 개인의 성격 가장 깊은 층에서 인식하는 신체적 안정감과 관련이 있다고 가정한다. 심각하게 불안하거나 병리적인 경향이 있는 아동이라도, 모래놀이 세션에 들어가면 더 이상 적도 정복해야 할 사람도 없다. 놀이, 안전, 관계 등 아동에게 필요한 모든 것이 풍부하게 제공된다. 함께 있든지, 혼자 있든지, 주어진 순간에 필요한 것을 항상 선택할 수 있다. 이것만으로도 깊이 상처받은 정신을 진정시키는 효과가 있다.

보스 역할의 12세 소년 다리우스

고아들이 생활하는 다른 보육원에서 또 다른 난감한 상황이 발생했다. 열두 살짜리 소년 다리우스는 보스 역할에 익숙했고, 교사들은 그가 다른 아이들을 지배하고 괴롭히는 것을 막느라 어려움을 겪고 있었다. 표현 모래작업 집단에서 조용히 떨어져서 놀이할 때도, 다리우스가 다른 아이들을 조종할 수 있다는 것을 한눈에 알 수 있었다. 그는 40분 만에 자신의 모래상자를 완성하고, 집단실 안을 둘러보자, 나머지 여덟 명의 아이들이 순순히 놀이를 마쳤다. 모든 아이들이 자리에서 일어나 떠나는 것을 보면서 리더들은 놀랐다. 리더들은 아이들이 상자를 완성하길 원했지만, 다리우스가 금지했다고 확신했다. 팀 논의를 통해 리더들은 개입하지 않고, 이 역동이 어떻게 더욱 발전하는지 기다리며 지켜보기로 했다. 두 번째 세션에서 같은 상황이 벌어지는 듯했지만, 두 아이가 놀이에 열중한 나머지 다리우스의 살벌한 눈빛을 눈치채지 못하고 계속 평화롭게 놀았다. 그룹에 대한 다리스의 권력이 첫 번째 타격을 입었다. 그리고 이 타격은 세션마다 조금씩 계속되었다. 아이들은 그의 명령에 점점 덜 신경을 썼고, '보스'가 집단실을 떠난 후에도 계속 놀았다. 다리우스는 이러한 권력 상실에도 불구하고 모든 세션에 참여했다.

교사들은 다른 참여 아동들이 감정 조절에 상당한 진전을 이룬 것을 확인했지만, 다리우스의 행동에는 극적인 변화를 발견하지 못했다. 그러나 그가 아기에게 흠뻑 빠져있음을 발견했다. 다리우스는 아기들에게 유난히 다정했고 가끔 아기실에서 시간을 보낼 수 있는지 물었다. 우리는 다리우스가 아기와 어린 아이들은 자신을 겁주지 않는다는 것을 발견했다고 추측했다. 어린 존재들의 순수함을 바라보면서, 다리우스는 아마 마약 중독 부모의 자녀로서 거리에서 성장하는 동안 경험하지 못했을, 평온한 어린 시절의 판타지를 향해 긍정적으로 퇴행할 수 있었을 것이다.

다음으로 루마니아의 보육원에서 진행된 표현 모래작업 프로젝트에서 만난 다른 두 아동에 관한 사례를 소개하겠다. 첫 번째는 섭식 장애와 신체화 증상을 겪고 있는 10세 소녀 엘레나의 이야기이고, 두 번째는 문제 행동 이면에 주목받고 인정받고자 하는 강렬한 욕구를 지닌 로넛에 관한 이야기이다.

이 두 사례의 소개에서는 진행 과정 동안에 일어난 조력자의 생각과 감정, 조력자와의 관계에 중점을 둘 것이다. 정신의 자기 조절이 항상 관계에 기반을 두고 일어나는 양측의 변화라는 것을 보여주기 위함이다.

섭식장애 10세 소녀 엘레나

9엘레나의 몸은 파업 중인 것 같았다.

그녀가 모래놀이를 시작하는 것을 보면서, 조력자는 '그녀의 손가락과 손목이 너무 가늘어. 팔들이 너무 가늘고 작아서 손이 떨어질 것 같아'라고 생각했다. 엘레나는 체중미달이었고, 감정 표현이 없는 새까만 눈을 가지고 있었다.

"병원을 들락날락해요." 그녀의 위탁모는 어깨를 으쓱하며 설명하기 시작했다. 할 수 있는 조치들은 다 해보았고, 의사들도 지쳤다.

"처음에는 장염이었고, 그 다음에는 궤양이었어요. 끊임없이 염증이 있었어요. 아이가 점점 여위어 갔어요. 배에 그렇게 많은 통증이 있는데, 이 불쌍한 아이가 어떻게 밥을 먹을 수 있겠어요?"

엘레나 주변의 아이들은 펄쩍펄쩍 뛰며 큰 소리로 웃고 있다. 엘레나는 그들과 점심 식사하기를 원치 않고, 대신 떨어져 앉아 숙제를 한다. 천천히, 너무 천천히 쓰고 있어 성장에 심각한 지체가 있음이 드러난다.

"그렇게 많은 통증이 있는데 어떻게 밥을 먹을 수 있겠어요?" 그 말이 조력자의 마음에 남는다.

엘레나의 엄마는 그녀가 6살 때 집을 나갔다. 아무도 이유를 모른다. 일하러 이탈리아나 스페인으로 갔는지, 거리

---

9 표현 모래작업 훈련감독자 Julia Feordeanu의 사례보고서에 따름.

에서 살고 있는지, 아니면 다른 자녀가 생겼는지도 모른다. 엘레나는 처음에는 엄마에 대해 많이 물었다가 그만두었다고 한다. 엄마를 기다리기로 결심한 것 같다.

조력자는 '엘레나는 엄마를 기다리고 있고, 성장하기를 기다리고 있어'라고 생각한다. '성장하려면 자기를 자랑스럽게 지켜보는 엄마가 필요하기 때문이야.' 조력자는 마음이 아팠다. 엘레나는 세션 중에도 너무 조용히 놀기 때문에 민감한 사람조차 그녀가 있다는 것을 잊어버릴 정도였다. 실제로 아이들이 모두 퇴실하고 회의가 시작된 후에 엘레나가 계속 놀이하고 있음을 알아차린 적도 있다.

엘레나는 주로 사람 피규어들로 소풍놀이를 한다. 비슷한 색상의 작은 접시들을 배치하고, 빨간 식탁보 위에 빵을 놓고, 작은 냄비에 모래를 채우며 식사를 차린다. 그녀의 사례는 팀 회의에서 논의되었다. 실제로 식사를 하지 않으면서, 표현 모래작업 세션마다 '식사' 놀이를 하는 것은 그녀에게 도움이 되는가, 아니면 해로울 수도 있는가에 대해 논의했다. 현실에서만 배고픈 게 아니라 내면세계에서도 배가 고픈 것일까? 위탁모는 엘레나가 전에 비해 좀 더 마음이 편안해 보이고, 잠도 더 잘 잔다고 보고했다. 표현 모래작업은 그녀를 돕고 있는 것일 것이다. 엘레나의 다음 입원 치료를 준비하기 위한 작업일 수도 있다.

프로젝트 종료 1개월 후, 심리학자와 조력자는 교사와 위탁부모에게 참여 아동 모두에 대한 피드백을 요청했다.

엘레나의 위탁모는 빨리 말하고 싶어 입이 근질거리는 것 같다. "무슨 일이 일어났는지 아세요? 어느 날 엘레나가 학교에서 돌아와 '이제부터 다른 아이들과 함께 밥을 먹을 거예요.'라고 했어요. 아이 몸무게가 매주 늘어나고 있어요!"

조력자의 마음에는 이런 생각이 떠올랐다. '엘레나의 엄마는 어디에 계시든 그녀를 자랑스러워할 것이야. 왜냐하면 어린 딸이 인생에 도전하기로 결심했기 때문이지.'

출생증명이 없는 로넛: 나는 누구예요?

로넛은 출생증명서 없이 태어났다. 그의 존재에 대한 법적 증거가 전혀 없었다. 로넛은, 심각한 정신적 문제가 있고 집도 주소도 없는 여성의 아홉 또는 열 번째 아이였다. 다행히 로넛의 이모가 보육원에서 일을 하고 있어 그를 일찍 데리고 올 수 있었다. 로넛은 다른 많은 아이들과 함께 보육원에서 자랐다. "로넛은 과잉행동이 많고 공격적이에요. 조치가 필요해요."라고 교사가 말했다.

'이 아이의 공격성에 대해 무엇을 할 수 있을까?' 첫 세션에서 로넛의 놀이를 지켜보던 조력자는 궁금했다. 폭력과 혼돈이 모래상자에서 흘러나올 것 같다. 전쟁 장면이 끊임없이 이어졌다. 전쟁, 전쟁, 그리고 또 전쟁이다. 로넛은 "가장 강한 자가 승리할 것이고, 나머지는 모두 패자가 될 거다!"라고 외치곤 했다.

조력자는 로넛이 어른이 되어, 술을 마시고, 거만하게 구는 모습, 다른 사람을 괴롭히는 모습이 자꾸 상상되었다. 그녀는 그의 놀이에 흥미를 잃으며 마음이 자꾸 산만해졌다.

열 번째 세션에서도 전쟁 장면이 계속되자 조력자는 희망을 잃기 시작했다. 세션이 끝날 때까지, 아무 말도 하지 못했다. 그러나 놀랍게도 세션 후 다른 조력자가 와서 "오늘 로넛이 아주 조용히 노는 걸 봤어요. 곁에서 지켜보니 좋더라고요"라고 말했다.

열한 번째 세션에서 조력자는 다시 희망이 생겼다. 과연 사실일까? 어쩌면 로넛이 놀이에서 파괴적인 행동을 조금씩 바꾸고 있는 걸지도 모른다. 하지만 현실에서 여전히 타인을 조롱한다면 무슨 소용이 있을까? 조력자는 모래상자 안 장면에 주목하기 시작했다. "또 전쟁 장면이구나, 그럼 그렇지!" 하지만 뭔가 달랐다. 병사와 탱크, 무기 등이 세심하게 정렬되어 있어 전쟁 장면을 만드는 방식에 새로운 느낌이 묻어났다. 바로 그때 로넛은 마치 그녀의 궁금증을 읽기라도 한 듯 빠르게 설명했다. "보세요, 이 군대는 싸우지 않아요. 이 군인들은 훈련 중이에요. 훈련을 마치면, 바로 이 보물을 얻기 위해 경쟁할 거예요."

'…을 얻기 위해 경쟁할 거예요'라는 말에 조력자는 놀랐다. 로넛은 또 바로 조력자의 눈을 똑바로 쳐다보며 "선생님 이름이 뭐예요?"라고 물었다. 그녀는 "내 이름은 아나란다"라고 대답하면서 목소리가 조금 떨렸다. "아나" 로넛은 자랑스럽게 미소를 지으며 놀이를 계속했고, 마치 그의 조력자가 동갑내기 친구인 것처럼 대했다. "이 보물 좀 봐요. 이 보물의 이름은 '아나'예요. 이 모든 군인들이 아나를 얻기 위해 경쟁할 거예요. 그리고 보물을 얻는 데 성공할 거예요!"

아나는 아무도 모르게 태어난 아이 로넛이 그녀의 이름을 이 이야기와 함께 발음하는 것을 듣고는, 마치 그녀 자신이 생애 처음으로 이름을 얻은 듯한 느낌이었다.

프로젝트 종료 한 달 후 보고에 따르면, 로너의 학교생활은 개선되었다고 한다. 더 차분해졌으며 집중력과 사회성도 향상되었다.

조력자와 아동 사이의 동시성: 누가 누구를 돕고 있는가?

조력자 양성훈련은 주말에 걸친 알찬 오리엔테이션, 중간 세션, 수련감독 등으로 이루어진다. 훈련 내용의 핵심은 모든 내용물에 대한 비판단적이고 수용적인 태도이다. 조력자는 자신의 외부와 내면 두 방향에 동시적인 주의를 기울이도록 한다. 외부는 놀이하는 아동, 피규어와 모래를 사용하는 개별적인 방식, 놀이 순서와 이야기, 아동의 자세, 표정, 분위기, 조력자와의 관계를 만들어가려고 하거나 회피하는 시도들을 말한다. 내면에 대해서는 촉진자 자신의 역전이 반응과 변화하는 마음의 상태, 떠오르는 감정, 생각 및 신체적 감각을 관찰하는 것을 말한다. 이미지, 감각 및 인식의 흐름이 의식화될 수 있도록 이 모든 것을 기록해야 한다. 기록하는 행위가 아동의 주의를 산만하게 하지 않도록, 세션

중이나 세션 후에 한다.

　아동의 놀이 내용물과 우리의 생각 및 마음 상태가 밀접하게 관련되어 있다는 것은 주로 나중에 이 기록을 검토할 때 깨닫게 된다. 우리 자신의 내적 과정에 대한 비판단적 인식은 모래놀이의 상징적 과정과 묘사된 이야기를 관찰하는 것만큼 유익하다.

　비전문가인 조력자가 역전이 반응과 투사적 동일시 같은 상대적으로 복잡한 정신 분석 도구를 사용하는 방법을 빠르게 배우는 것은 항상 감명을 준다. 이를 통해 그들은 활력과 동기를 높이고 상당한 자기 성찰도 한다.

　조력자가 자신의 아동기와 자신이 맡은 아동의 현재 상황 사이에 놀라운 유사점을 발견하는 것은 흔한 일이다. 혹은, 두 사람의 현재 상황이 유사한 경우도 있다. 한 예로 어머니가 암에 걸린 열 살짜리 루마니아 소녀가 있었다. 세션마다 소녀는 병원, 화학 요법, 이별, 죽음을 나타내는 모래 이미지를 만들었다. 당시 암 말기 환자였던 이모를 돌보고 있던 조력자 자신의 회복탄력성이 매 세션 동안 크게 시험받았다. 조력자는 세션이 시작되기 전마다 큰 두려움을 느꼈다. 소녀가 모래에서 표현하는 것을 견딜 수 없을까 봐 걱정했다. 조력자의 상황을 알고 있는 그룹의 존재가 어느 정도 버팀목이 되었다. 세션 중에 조력자는 소녀가 어머니의 병을 묘사 할 수 있었던 용기에 깊은 인상을 받았다. 소녀는 병상(기계에 붙어 있던 적이 있음)일 수도 있고 무덤일 수도 있는 직사각형의 형태 위에 누운 여성의 모습을 반복적으로 보여주었다. 그 여성은 항상 꽃과 나비의 화환으로 둘러싸여 보호받고 있거나 어떤 행사의 중심이 되었다. 이 모래 이미지는 다채로웠고 생명력을 내뿜었지만, 동시에 묵직함과 숨 가쁨으로 조력자를 짓누르기도 했다. 종결 바로 전 세션에서는 어머니의 얼굴이 전체 상자를 채웠다. 그녀의 머리카락은 마치 가을 추수 축제의 다산의 여신처럼 풀과 꽃으로 풍성했다. 그녀의 눈을 나타내는 두 개의 어두운 유리 구슬은 서로 다른 색상이었다. 한쪽 눈은 파랗게 빛나고 다른 쪽 눈은 초록색으로 빛나며 어머니의 얼굴에 신비로운 분위기를 더했다. 이 얼굴에는 슬픔이 없었고 충만한 평온함만 있었다. 소녀에게 전체 모래놀이 과정은 작별 인사였다. 또한 삶의 위협적인 면과 희망적인 면들을 탐구하는 것 같았다. 그리고 그 강도는 조력자를 거의 한계에 가깝게 데리고 갔다.

다음은 종결 세션 후 조력자가 작성한 기록의 일부이다.

"이 소녀와의 모든 표현 모래작업 세션은 내게 강렬한 감정적 영향을 미쳤다. 정말로 압도적이고 고통스러울 정도였다. 프로젝트 기간 동안 내 현재 문제가 소녀의 모래 이미지에서 보였기 때문에 나는 내내 겁을 먹고 있었다(나의 이모는 암으로 죽어가고 있었다). 더 이상 견디지 못하겠다고 느끼기도 했다. 너무 버거웠다. 다음 세션이 다가오는 날에는 '그녀가 또 내 안에 있는 어떤 문제를 발견하려나' 두려워했다. 소녀의 모래상자가 나를 고스란히 드러내는 것만 같았다. 소녀가 모래상자에 넣을 피규어를 가지러 가면, 나는 '○○을 가져오면 어쩌나?'라고 초조했다. 아니나 다를까, 소녀는 바로 그 피규어를 여러 번 가져왔다. 이러한 우연의 일치는 내 안에 기쁨, 행복, 놀라움, 공포, 만족과 같은 여러 모순된 감정을 불러 일으켰다.

때때로 나는 울음을 참기가 힘들었다. 소녀의 모래 이미지와 내 문제의 유사성이 너무 컸기 때문이다. 내 신체는 자주 상당한 무거움을 느꼈다. 특히 그녀가 다양한 크기의 돌을 가져와 모래상자를 가득 채웠을 때이다. 소녀의 놀이가 매우 의식적으로 진행되는 것같다는 인상을 받았다. 소녀의 모래 상자들에는 항상 질서와 아름다움이 있었지만, 좋은 것과 나쁜 것과 같은 분명한 모순, 위험, 상실, 그리고 슬픔도 있었다. 이 모든 표현이 참으로 총명하고 확실해서 피할 수 없었다.

이 모든 과정이 감정적으로 너무 어려웠던 나는 종결할 때 오히려 안도했음을 인정한다."

아동들의 프로젝트 참가 경험 소감

프로젝트 종료 3개월 후 표현 모래작업이 어떤 의미가 있었는지에 대한 설문을 했다. 다음은 세 아이들의 답변이다.

열두 살 소년: "모래놀이를 하러 가면, 고요함 속에서 모두가 같은 일에 집중하고 있는 것이 기분 좋았어요. 고요함이 있고 나를 도와주는 누군가가 있는 곳이라면, 내가 원하

는 것은 뭐든지 할 수 있다는 것을 깨달았어요. 기억하실지 모르겠지만, 저는 모래에서 많은 것을 만들었어요. 특별히 무엇을 해야 한다는 의무감 없이 마음에 드는 무엇이든 할 수 있다는 사실이 좋았어요. 그 당시 어머니의 집에 머물고 있었는데, 집에서 좋지 않은 일이 생겨도 얼마 후 모래놀이를 할 수 있다는 생각이 저를 위로해 주었어요."

학교에서 아웃사이더였으나, 불과 8개월 만에 반 꼴찌에서 2등이 된 16세 소녀: "나와 함께 있던 여자분은 다른 선생님들과 달랐어요. 나를 있는 그대로 받아들이고 꾸짖지 않았어요. 죄책감을 주지도 않았고요. 조용히 나를 보살피는 느낌을 받았어요. 사랑을 만나고 있다고 느꼈어요. 거기 있던 어른들은 달랐어요. 항상 우리에게 관심을 가져 주었는데 그건 힘든 일이에요. 그 어른들은 공부도 많이 한 것 같아요. 아는 게 많았어요. 거기에서 나와 비슷한 어려움을 가진 아이들도 만났어요. 그들도 나처럼 수줍어하고, 실수하는 것과 말하는 것을 두려워했어요. 나는 수줍음이 많고 조용했었거든요. 거기에서 우리는 영원히 알고 지낸 사이 같이 느껴졌는데, 그 점이 좋았어요. 세상에 수줍음이 많은 사람이 나만이 아니라는 것을 깨달았어요. 지금은 좀 달라요. 긴장하지 않고 말할 때도 있고, 다른 사람들과 대화하고 친구도 사귀어요. 사람들은 이제 나를 이상하다고 여기지 않고, 평범하게 바라봐요. 이제 실수를 겁내지 않는다는 게 가장 마음에 들어요. 실수를 통해서 배울 수 있잖아요. 나를 이 프로젝트에 데려온 사람이 누구인지 알고 싶어요. 여기 상사가 있을 텐데, 그는 매우 좋은 분일 거예요. 제가 감사의 빚을 졌어요. 이 프로젝트는 내 영혼의 비둘기였어요. 이 프로젝트를 잊지 않을 것이고, 나도 커서 나도 다른 사람들을 도와줄 거예요."

  열두 살 소년: "프로젝트 기간 동안 늘 기분이 좋았어요. 모래에서 내가 하고 싶은 방식과 주제로 노는 게 재미있었어요. 처음에는 시간이 부족하거나, 피곤해서 더 이상 오고 싶지 않았던 순간도 있지만, 주어진 시간에 원하는 것을 하도록 조절했어요. 이 프로젝트 동안 나는 차분한 사람이 되었어요. 예전처럼 서두르지 않아요. 놀이재료 상자에는 내가 원하는 모든 것이 있었어요. 이 프로젝트는 황금 왕관 같았어요."

제8장

우크라이나 전쟁 지역의
표현 모래작업
프로젝트

Expressive Sandwork in the
War Zone in Ukraine

"일랴, 나는 널 늘 보고 있어. 네가 모두를 방해하는 행동을 하지 않아도 괜찮아. 너는 있는 그대로 우리에게 중요해. 이해했니? 우리 어른들은 너를 지켜보고 있어."

2018년 4월 키예프

우리 "우리는 이길 겁니다" 젊은 택시 운전사 보리스는 보리스필 공항과 키이우 도심 사이의 혼잡한 교통 속에서 자신의 벤츠를 운전하면서 힘주어 말했다. 우리의 대화가 호황을 누리고 있는 우크라이나 민속 음악단에서 전쟁 주제로 빠르게 옮겨간 것에 조금 놀라 즉시 대답하지 못했다. 그는 백미러를 통해 내 눈을 찾더니 힘찬 목소리로 이어 말했다. "왜 그런지 아세요? 두 가지 이유가 있죠. 첫째, 우크라이나는 자체적으로 탱크와 전투기를 생산해요. 우리는 어떤 종류의 무기 거래에도 의존하지 않아요. 둘째, 우리는 저들보다 단순히 더 똑똑하기 때문입니다." 침묵은 계속 이어졌고 우리가 앉은 좌석은 고속도로 바닥의 이음매로 덜컹댔다. 칼과 창을 높이 들고 있는 102미터 높이의 로디나 매트,

혹은 '조국의 어머니'라고 불리는 거대한 스테인리스 여성 동상이 우리의 오른쪽으로 다가와서 사회주의 수사학의 극적 효과를 보여주며 우아하게 지나갔다. 그리고 우리가 왼쪽으로 길게 이어지는 커브를 돌 때, 밝은 자작나무 숲 너머로 사라졌다.

"당신은 돈바스의 최전선에 있었나요?"

"아니요, 하지만 갈 거예요. 두 명의 어린 자녀가 있지만, 필요하다면 그들을 위해 싸울 겁니다."

나는 2015년 이래로 약 130만 명이 탈출한 동부 우크라이나 국경 지역으로 가고 있다. 우크라이나에 표현 모래작업 모델을 도입했고, 동부 도시들에서 이 프로젝트를 기획하고 있는 심리학자 블라드가 나와 동행한다. 키이우에서 야간열차를 타고 슬로우얀스크로 향한다.

기차는 예약으로 꽉 차 만원이다. 16시간의 여정 동안 탄광과 암울한 판자촌이 있는 광활한 미개척지와 숲을 통과한다. 마지막 목적지인, 인구 10만 명의 슬로우얀스크는 4년 전인 2014년 4월 '분리주의자'에게 3개월간 점령당했고, 대다수 주민이 도시를 떠났다. 학교 2곳과 유치원 1곳이 폭격을 당해 무너졌고, 건물에는 총구멍이 남아 있다. 주민들은 도시를 꾸미기 위해 공동으로 노력하기 시작했다. 낡은 소비에트 스타일의 아파트 단지와 새롭게 페인트칠한 단층집들은 발랄한 대조를 이룬다. 작은 앞마당들에는 사과나무와 매화나무가 꽃을 피웠고, 눈부신 흰색으로 서 있는 자태가 커다란 신부의 부케를 연상시키며 도시의 분위기를 축제처럼 만든다. 감동적이다. 사람들은 어떻게든 전쟁을 잊으려고 노력하는 것일까?

약 1년 동안 국제 언론은 우크라이나의 '잊혀진 전쟁'에 대해 보도했지만, 도네츠크와 루한스크 인민 공화국으로 새로 선언된 이 국경 지역에서 여전히 군인들이 매일 목숨을 잃고 있다. 그리고 들판과 숲은 광산들로 온통 뒤덮여 있어서 아무도 마을 사이의 좁은 길을 떠날 수 없다. '잊혀진 전쟁'과 같은 용어가 언론에서 언급되면 자기실현 예언이 된다. 누가 지뢰를 깔았을까? 아무도 모른다. 우크라이나 군대가 고국에 지뢰를 깔았을까? '분리주의자'가 러시아어를 사용하는 그들의 선조의 지역에 지뢰를 깔았을까? 아무도 모른다. 나는 이 사람들의 이야기 속에서 '찾고 있다, 정보를 찾고 있다!'라고 말하는 화난 목소리가 들린다. 민간인에 대한 정보가 없다. 주민들은 밤마다 폭발을 볼 수 있는 지평선을 향해 손짓을 한다. 이들에겐 듣는 사람들이 그들의 말을 잘 믿지 않을 수도 있다는 우려가 있다. 전 세계가 이들의 상황은 그렇게까지 나쁘지 않으며, 시리아 전쟁이 항상 훨씬 더 심각하다고 생각할 거라는 우려다. 여기 사람들은 전쟁의 심리적 영향에 대한 정보가 부족하다. 2018년 초 유니세프는 아동의 외상 후 스트레스 장애 증상을 설명하는 책자를 배포했다.

'태어날 때부터 벙어리?' 방어기제

지역 유치원을 운영하는 루드밀라는 학부모들이 미취학 자녀를 심리 상담 서비스에 데려와 자녀의 장애를 어떻게 도와야 하는지 묻는다고 한다. 아이들이 '태어날 때부터 벙어리'라고 말한다. 루드밀라는 지역 폴리클리닉의 통계에 따르면 전쟁 지역에 있는 아동의 60%가 발달 지연을 보이지만 부모와 친척은 이를 전쟁의 영향이라고 전혀 인식하지 못한다고 지적한다. 어른들은 한 달 동안 계속된 폭격, 폭발, 총격, 약탈, 온갖 폭력 행위, 탈출과 끊임없는 공포를 잊고 싶기에 영유아 자녀가 겪을 충격을 상상할 마음의 준비가 되어 있지 않다. 이 어른들이 갖고 있는 통념은 어린이들은 무슨 일이 일어나고 있는지 모른다는 것이다. 역설적으로, 전쟁 외상이 자기 자녀의 발달에 장기적인 영향을 미친다는 사실을 직면하는 것보다, 자녀가 장애를 가지고 태어났다고 믿는 것이 심리적 외상을 앓고 있는 부모들의 정신적 균형을 조금 더 수월하게 유지하도록 돕는다. 사실을 알게 되었을 때 부모는 분노와 고통을 더욱 격렬하게 분출하고 몇 달 동안 빠져있던 무관심에서 깨어날 것이다. 그리고 치명적인 위험에 처해 있는 현실의 국경지대뿐만 아니라, 기능적인 관계가 사라지는 심리적 무인도에 갇힐 수도 있다. 우는 자녀는 더 이상 위로받지 못할 것이다.

방어기제는 항상 보호 기능도 가지고 있기에 충분히 검증된 심리적 개입이 아니라면 강제로 적용해서는 안 된다. 표현 모래작업은 안전한 심리적 개입이다. 부모들의 보고에 따르면 슬로우얀스크에서의 표현 모래작업에 참여한 84명의 아동 중 85%가 긍정적인 행동 변화를 보였다.

사례 1: 박격포를 맞은 이후 머리카락을 잃은 5세 소녀 티나의 회복

다음은 포파스나야에 있는 5세 소녀의 사례이다. T가 세 살 반이었을 때, 그녀의 가족은 박격포 폭탄을 맞았다. 그녀의 가족은 살아남았지만, T는 이후 머리카락을 모두 잃었고 버림받는 것에 대한 심한 두려움에 시달렸다. 이는 개선되지 않았고 학교 등록을 생각조차 할 수 없게 만들었다. 그녀의 머리카락, 속눈썹, 눈썹은 다시 자라지 않았다. 부모 없이 진행되는 프로젝트 초반에 티나는 조력자의 격려를 받아도 놀이를 시작하지 못했다. 네 번째 세션에서 조력자가 놀이하는 동안 그녀를 안아 주겠다고 제안했을 때 변화가 일어났다. 티나는 다른 나이 많은 아이들을 오랫동안 관찰했다. 시끄럽고 튀는 아이들도 말없이 경건한 분위기로 놀이에 집중하고 있었다. 티나는 모래에 손을 뻗었고 그녀의 작은 손 아래에는 큰 심장이 만들어졌다. 티나는 조력자를 향해 기쁜 표정을 지었다. 그 두 사람의 미소는 정신의 치유 과정의 시작을 알렸다. 4주의 모래놀이 세션 후에 그녀의 맨머리에 어두운 점이 나타나기 시작했다. 그녀의 머리카락이 다시 자라기 시작한 것이다. 부모에게 이것은 기적이었다. 임상적 설명이 가능한가? 아동의 두려움이 적절한 수준으로 줄었다고 가정하는 것이 안전하겠다. 프로젝트 리더는 그녀를 계속 격려하는 것과 그녀만의 주체적 공간을 허용하는 것 사이에 적절한 균형을 찾으며 그녀의 신뢰를 얻어갔다. 결정적인 요인은 전체적holistic이고 비언어적이며, 연령에 적합한 자기효능감을 경험한 것이다. 회복력은 불리한 경험에 적극적으로 반응하는 것으로 정의할 수 있다. 모래상자에 자기 내면세계를 창조할 수 있다는 것은 아동의 자기효능감이 가장 가치 있는 경험을 하는 것이다.

파편화된 내면세계는 새로운 방식으로 재조립되며, 이는 자율 신경계(예, 수면 개선)와 신체 기능에 직접적이고 눈에 띄는 영향을 미친다. 말없이 모래놀이를 하는 동안에도 정신화 과정은 끊임없이 일어난다. 아동은 마치 광각 렌즈를 통해 자신을 멀리서 바라보는 것처럼 감정적 경험을 반영할 수 있다. 아동의 반영은 비유를 사용하는 게임의 형태로 일어난다. 모래놀이에서의 반영은 아동이 세상을 경험하고, 세상과 상호작용하고, 방향을 고찰하게 해준다. 그리고 튼튼한 밧줄처럼 그들을 세상으로 다시 이끌어 주는 역할을 한다.

사례 2: 방해꾼 8세 소년 일랴

포파스나에 있는 상담 서비스 시설에서 일하고 있는 프로젝트 리더인 빅토르는 8세 소년 일랴에 대해 이야기한다.

일랴는 첫 세션에서 다른 아이들을 모두 방해하고 다녔다. 일랴는 구조를 보호하기 위한 모래놀이의 규칙 몇 가지를 반복적으로 어겼다. 모래상자의 모래를 밖으로 던지거나 다른 아동의 놀이재료를 빼앗고, 다른 아이들이 만든 모래상자를 큰 소리로 놀렸다. 빅토르는 집단 리더로서 모든 개입을 다 해보았지만 소용이 없었다. 한 아이가 전체 프로젝트를 위험하게 만들고 있었다. 일랴는 매우 엄격한 할머니와 함께 살았다. 그의 어머니는 이사를 갔고 아버지는 거의 만나지 못했다. 첫 번째 모래놀이 세션에서 일랴는 모래상자 가운데에 집을 만들고 그 주변에 나무 몇 그루를 심은 뒤 집 지붕에 작은 아이를 올려 놓았다. 이 아이는 떨어질 것 같았다. 일랴는 팔을 뻗어 무작위로 피규어를 찾는 듯하더니 스머프를 골라와서 집 옆 두었다. 작은 아이가 떨어지면 스머프가 구해줄 수 있을 것 같았다. 그의 조력자는 이 장면에 감동하였다. 우리는 일랴가 자신의 문제 행동으로 인해 큰 위험에 처해 있지만, 자신이 분명히 도움을 받을 수 있다는 것도 이해하고 있다고 해석했다. 일랴가 다른 아이들을 계속 방해하자 빅토르는 4번째 세션이 시작되기 전에 일랴를 다른 방으로 데려가 오랫동안 이야기를 나눴다. 그는 이렇게 말했다. "일랴, 나는 널 늘 보고 있어. 네가 모두를 방해하는 행동을 하지 않아도 괜찮아. 너는 있는 그대로 우리에게 중요해. 이해했니? 우리 어른들은 너를 지켜보고 있어." 일랴는 그를 바라보았고 눈물이 고이기 시작했다. "근데 할머니는 나를 안 봐요."

이 대화 후 일랴는 더 차분해졌고, 모래상자에서 조용히 놀았다. 이 사례의 더 큰 성과는 일랴의 할머니가 나중에 도움을 요청하러 상담 시설에 왔다는 것이다. 일랴는 모래놀이를 통해 적절한 시기에 변화의 기회를 얻은 많은 아이들 중 하나였다. 모래상자에 있던 스 머프는 일랴의 활성화된 정신적 자기 조절 능력을 보여준다. 이번에도 우리는 그 긍정적인 효과가 아이의 환경에까지 미친 것을 보았다.

참고문헌

Bowlby, J. (1969). Attachment. Attachment and Loss (vol. 1). New York: Basic Books.

Chodorow, J. (1991). Dance Therapy and Depth Psychology: The Moving Imagination. Hove, Routledge.

Hillman, J. (2006). City & Soul (R. J. Leaver, Ed.). Putnam, CT: Spring Publications.

Jung, C.G. Collected Works, Psychological Types, Vol. 6, Princeton University Press, Bollingen Series XX. par. 757.

Jung, C.G. Collected Works, Psychology and Alchemy, Vol. 12, Princeton University Press, Bollingen Series XX.

Kalff, D. M. (1960) Sandplay, a Psychotherapeutic Approach to the Psyche. Temenos Press 2004.

Marshall B. Rosenberg, https://www.cnvc.org.

Neumann, E. (2014). The Origins and History of Consciousness (R. F. Hull, Trans.). Princeton: Princeton University Press. Panksepp, J. (1998) Affective Neuroscience, The Foundations of Human and Animal Emotions, Oxford Press.

Panksepp J. & Biven L. (2012) The Archeology of Mind, Neuro-evolutionary Origins of Human Emotions, W.W. Norton.

Pattis Zoja, E. (Ed.). (2004). Sandplay Therapy: Treatment of Psycho-pathologies. Einsiedeln: Daimon Verlag.

Pattis Zoja, E. (2011). Sandplay Therapy in Vulnerable Communities: A Jungian Approach. London: Routledge.

Spitz, R. (1965). The First Year of Life: a Psychoanalytic Study of Normal and Deviant Development of Object Relations. International Universities Press.

Stern, D. N. (2004). The Present Moment in Psychotherapy and Everyday Life. W.W. Norton.

Stern, D. N. (1990), Diary of a Baby, What Your Child Sees, Feels and Experiences, Basic Books.

Stifter Adelbert (1867) Mein Leben: Aus den Nachlassblättern, Kap. 1, Projekt Gutenberg (http://gutenberg.spiegel.de/ buch/mein-leben-204/1)

Winnicott, D.W. Playing and Reality, Routledge Classic Edition, (1971).